JEUNES, ON VOUS MENT !

DU MÊME AUTEUR

Nouakchott, capitale de la Mauritanie, Paris, Publications du département de géographie de l'université de Paris-Sorbonne, 5, 1977.
La Mauritanie, Paris, PUF, coll. « Que-sais-je ? », 1977 (en collaboration avec Charles Toupet).
Histoire du paysage français, Paris, Tallandier, 1983 ; réédition 2002.
Terres de Castanide. Hommes et paysages du châtaignier de l'Antiquité à nos jours, Paris, Fayard, 1986.
Les Restaurants dans le monde et à travers les âges, Grenoble, Glénat, 1990 (codirection, avec Alain Huetz de Lemps).
Gastronomie française. Histoire et géographie d'une passion, Paris, Fayard, 1991, 2e édition 2005.
Le Japon, Paris, Sirey, 1991, 2e édition 1993.
Paris, Histoire d'une ville, Paris, Hachette, coll. « Atlas Hachette », 1993 (direction).
La France, Paris, Nathan, 1997, 2e éd. 2001.
Géographie des odeurs, Paris, L'Harmattan, 1998 (codirection avec Robert Dulau).
Philippe Lamour, 1903-1992. Père de l'aménagement du territoire en France, Paris, Fayard, 2002.
Le Vin et le divin, Paris, Fayard, 2004.
Bordeaux Bourgogne. Les passions rivales, Paris, Hachette, 2005.

Jean-Robert Pitte

JEUNES, ON VOUS MENT !
Reconstruire l'Université

Fayard

À Delphine, qui a tout compris

© Librairie Arthème Fayard, 2006.

Ô Princes qui nous gouvernez
ou aspirez à le faire,
Écoutez la clameur de la jeunesse,
Non pas les paroles insensées qu'elle vocifère
Et que vous lui avez parfois dictées,
Mais l'angoisse profonde que celles-ci révèlent.
Plutôt que de la flatter pour lui plaire,
Indiquez-lui le chemin de l'effort
Et conduisez-la à donner le meilleur d'elle-même
Avec une folle et modeste énergie,
Un immense respect d'autrui,
Un généreux panache.
Elle en est capable. Faut-il encore le lui dire
Et lui indiquer de vertueux chemins
Vous lui montrerez ainsi que vous l'estimez
Plutôt que de l'utiliser à de médiocres fins
Ou, pire encore, de la craindre.
Soyez certains qu'en retour elle vous respectera.
La France s'en portera mieux
Et vous pourrez de nouveau vous regarder dans la glace.

Introduction

Les Français ont si courte mémoire ! Ils auront bientôt oublié la crise du CPE, le Contrat première embauche, qui a gelé l'Université française pendant des semaines en ce printemps 2006, jeté une partie de la jeunesse dans la rue et fait vaciller la présidence de la République et le gouvernement de Dominique de Villepin, lesquels ont finalement remplacé le texte incriminé par des mesures anodines et coûteuses pour les deniers publics. Rien n'est réglé pour autant, bien sûr. Nous sommes en France ! Plus la rue s'enflamme, moins les réformes surviennent. À la peur de perdre les illusoires avantages acquis répond la peur de perdre le pouvoir. Anxieux et malheureux, les Français choisiront peut-être l'alternance et le cycle recommencera. Entre la crainte de la rue et celle de mécontenter un électorat qui attend tout de l'État, notre pays cahote de victoire amère en conservatisme appuyé. Il ne sort jamais de ses ornières. Quand sera-t-il adulte et capable d'une union nationale autour de quelques valeurs de bon sens qui n'empêcheraient pas le pluralisme des solutions concrètes et des partis politiques responsables ?

Il le faudra bien pourtant, même si l'Europe et plus encore la mondialisation le remplissent de terreur. Sinon, il s'enfermera dans des barrières de tous ordres : douanières, politiques, sociales, culturelles. Il s'enfoncera dans la bonne conscience, la dénonciation des boucs émissaires, la sauvegarde de son « modèle », l'assistance, la pauvreté et l'anarchie à laquelle succédera nécessairement l'autoritarisme. Ils sont bien jolis les pays « protégés » qui ont pour noms Biélorussie, Birmanie, Corée du Nord, Cuba. Est-ce cela que nous voulons ? Nos jeunes élites partent pour créer des entreprises aux États-Unis, en Angleterre ou à Hong Kong, pendant que les plus démunis, c'est-à-dire les moins formés et les moins audacieux, émargent à l'ANPE. Est-ce là notre idéal ? Que d'énergie à libérer dans ce pays qui pourtant continue à faire rêver le monde entier !

Ce sera dur, mais c'est à portée de main, à la condition d'un vrai coup de rein, d'une alliance

INTRODUCTION

entre l'effort, la responsabilité, la générosité. C'est le terreau de la démocratie, laquelle est une exigence, une richesse qui se mérite et se réinvente tous les jours plutôt qu'elle ne se décrète dans les programmes électoraux et les effets de manche. Tant de peuples y aspirent en pensant à la France qu'il serait temps que les Français prennent conscience qu'elle est pour eux un devoir plus qu'un dû.

En attendant, l'Éducation nationale et singulièrement l'enseignement supérieur sont au plus mal et rien ne se fera de neuf en France sans que la nation en prenne conscience et leur accorde des soins intensifs.

Les mois qui viennent sont ceux du rendez-vous désormais quinquennal des Français avec la politique. Il serait consternant de les gâcher en n'abordant pas cette question cruciale pour l'avenir du pays. Les pages qui suivent veulent contribuer à l'interprétation des événements récents, et verser quelques idées au débat sur la réforme profonde que l'État ne pourra différer plus longtemps, quelle que soit la coloration politique du gouvernement au lendemain des élections du printemps de 2007.

Je tiens à préciser qu'elles n'engagent que moi et nullement l'université dont j'assume la présidence et qui rassemble des membres de toutes opinions. Je respecte celles-ci même lorsque je suis

en désaccord avec elles. L'Université française est
– ou doit être – le lieu par excellence de la liberté
d'expression et du débat ouvert, argumenté et
respectueux. Les convictions que j'exprime ici
résultent de près de quatre décennies de participation à la gouvernance de mon université et de son
ministère de tutelle, commencées avec la mise en
œuvre de la loi Edgar Faure de novembre 1968 qui
pour la première fois donnait à des étudiants la
possibilité de voter dans les conseils.

I

Printemps 2006 :
un grand soir au petit pied

Le texte instituant le Contrat première embauche, simple article d'une loi consacrée à « l'égalité des chances », certes ambigu dans sa rédaction et, semble-t-il, non négocié avec les « partenaires sociaux[1] », procédait d'une intention louable : favoriser l'embauche des jeunes de moins de vingt-six ans. Dans cette catégorie de Français, près du cinquième des « actifs », c'est-à-dire de

---

1. Il y aurait beaucoup à dire sur l'origine du CPE et sur les réactions des partenaires. La CFDT ne souhaitait pas réitérer son attitude conciliante dans la réforme des retraites. Le MEDEF en veut clairement à la droite au pouvoir depuis 2002 et qui n'a pas abrogé la loi Aubry sur les 35 heures ni l'impôt sur la fortune (ISF).

ceux qui ne poursuivent pas d'études, est au chômage, proportion record au sein des pays riches et qu'aucun gouvernement n'est parvenu à faire vraiment baisser ces dernières années, quelle que soit sa tendance politique. Il existe pourtant 138 dispositifs d'aide à l'emploi des jeunes[1], chacun correspondant à une lourde paperasserie et une bureaucratie pléthorique. La France dépense beaucoup plus d'argent pour de tels programmes que la Grande-Bretagne ou l'Allemagne et surtout que les pays scandinaves, les États-Unis ou le Japon. Il en est pratiquement de même pour la proportion globale de chômeurs, véritable drame humain et handicap économique récurrent. Le tableau suivant est un crève-cœur pour la France. Sans l'aide massive de l'État, les deux chiffres seraient infiniment plus élevés. Malgré cela, toute mesure destinée à favoriser la flexibilité et donc l'emploi est considérée par l'opinion comme une honteuse manière de favoriser les entreprises.

Ce sont bien sûr les moins qualifiés qui sont touchés, ce qui ne veut pas dire les moins diplômés. Compte tenu de l'extrême difficulté de licencier un salarié en France, en cas d'insuffisante compétence de celui-ci ou de difficulté écono-

---

1. IFRAP (Institut français de recherche sur l'administration publique).

Taux de chômage en décembre 2005

	Taux global de chômage	*Jeunes (15-25 ans) au chômage (hors étudiants)*
France	**9,2**	**21,7**
Allemagne	9,5	15,5
Italie	7,5	24,1[1]
Espagne	8,5	18,9
Royaume-Uni	4,9	13,6
Zone Euro	8,4	17,6
UE à 25	8,5	18,4
États-Unis	4,9	10,7
Japon	4,9	11

Source : BIT.

mique, le gouvernement avait proposé qu'il puisse être mis fin au contrat dans un délai de deux ans, sans que l'entreprise ait à se justifier. Ainsi, l'employé n'aurait pu faire appel de la décision devant le conseil des prudhommes qui donne le plus souvent tort aux employeurs.

Deux ans, ce n'est pas l'éternité, mais une telle mesure a fait naître une peur irrationnelle. Cette

---

1. Le travail au noir rend ce chiffre difficile à interpréter.

durée a été interprétée comme un refus de confiance en une jeunesse qui aspire tellement à être reconnue pour ce qu'elle voudrait être. « Croyez-vous que nous n'avons que cela à faire que de rester deux années en situation de précarité ? » éructait une étudiante interrogée par un journaliste dans une manifestation. Timidement exprimée au début, la protestation s'est amplifiée au fil des semaines, après même que cet article de loi eut été voté au Parlement. On peut évidemment douter de la spontanéité du mouvement. L'occasion s'est révélée excellente pour l'ensemble de l'opposition radicale de s'opposer, de s'abandonner au jeunisme, de transmettre aux enfants de sa mouvance son savoir-faire, ses méthodes éprouvées, ses vaches sacrées : l'*assemblée générale* et sa manipulation, la *motion*, le *vote à main levée* de la *grève avec piquets* votée après des heures de débat répétitif et confus (alors que les éventuels opposants se sont lassés et sont partis), le *blocage des universités*, la *mobilisation des lycéens*, les *manifestations de rue*.

Ajoutons encore l'art de gagner la *solidarité* des centrales syndicales[1] et des partis qui s'empressent

---

1. Dans les manifestations anti-CPE, les syndicats ne sont parvenus à faire descendre dans la rue que les fonctionnaires qui sont évidemment les plus protégés et les moins concernés par le CPE.

de récupérer le mouvement et la recherche de soutiens dans la presse, en particulier audiovisuelle, la plus efficace compte tenu du peu d'intérêt des Français pour leurs journaux imprimés. Sans vouloir simplifier abusivement, il est facile de reconnaître là les techniques des mouvements d'extrême gauche et les fantômes de Lénine et de Trotski. Prendre et occuper la Sorbonne, c'est s'attaquer au symbole de l'Université française, démoraliser le gouvernement en place et, pourquoi pas – faisons un rêve –, aller plus loin en réussissant le coup d'État qui fait tomber le pouvoir entre les mains des insurgés. Le grand soir, quoi !

Mais pas de paranoïa. Les meneurs lycéens et étudiants ne sont pas assez bien formés par les dirigeants des partis d'extrême gauche, âgés, usés par les échecs et dont c'est le pitoyable chant du cygne. Le mouvement aura seulement permis l'émergence d'une génération de jeunes tribuns qui viendra vite renforcer les cabinets politiques de la gauche social-démocrate et finira au Parlement ou au gouvernement. Comme d'habitude. En attendant, ils sont si tristes que leur fête ait été gâchée par une poignée de militants anarchistes et nihilistes désireux de cochonner ou détruire quelques icônes, auxquels sont venus se joindre, en queue de manifestation, de jeunes casseurs de banlieue, amateurs de portables, blousons ou du contenu de vitrines ! Ils auraient tant aimé les intégrer gentiment à leur mouvement ! La bavure la plus navrante est celle du saccage des locaux de l'École des hautes études en sciences sociales, boulevard Raspail. Dans cet établissement, beaucoup de chercheurs sont favorables à la lutte anti-CPE et trouvent profondément injuste ce qui leur arrive, alors que plusieurs laboratoires sont voués à l'explication complaisante des mouvements sociaux. La présidente de l'établissement, Danièle Hervieu-Léger, avait pourtant fait appel à la police qui a choisi de ne pas intervenir tout de suite. Seule consolation : les graffitis et les *tags* dont leurs murs ont été couverts entre le 20 et le 24 mars deviendront objets d'étude, à n'en pas douter[1].

Qui sème le vent récolte la tempête, proclame le parti de l'ordre ; celui de la colère lui retourne sa phrase : il estime que les dérives qu'il condamne sont uniquement de la faute du gouvernement. En 1968, on avait badigeonné la statue de Victor Hugo dans la cour de la Sorbonne ; en 2006, on a jeté par les fenêtres quelques tables et chaises et quelques livres de l'École des chartes auxquels le feu a été mis. Il faut bien que jeunesse se passe ! Le plus bel acte de bravoure demeure encore d'occuper un

---

1. Marion Van Renterghem, « Des vandales chez les savants », *Le Monde*, 5 avril 2006, p. 3.

amphithéâtre de son université, d'y refaire le monde et d'y dormir du sommeil du juste après avoir fumé quelques joints et vidé moult cannettes de médiocre bière ou bouteilles de vin rosé, de boire à la Sorbonne – on en frémit – de la crème de cassis au goulot. À Rennes, un amphi avait été baptisé « des cuisines ». Ce folklore appartenait jusqu'alors aux souvenirs des parents, voire des grands-parents en 1968. Les vétérans peuvent se réjouir de constater qu'ils ne sont pas si démodés que cela, puisqu'ils sont imités. Pourtant, à Nantes, à Rennes, à Toulouse, les services de nettoyage ont dû évacuer – tenez-vous bien ! – des matelas. Elle est jolie, la révolution douillette ! Avant, on couchait à la dure. Dire que la jeunesse est fille de la société de consommation et qu'elle est comme ses parents l'ont éduquée donne une explication, mais pas une excuse. On peut aimer consommer et être responsable. Les pauvres Chinois du temps de Mao aspiraient à la responsabilité, mais n'avaient pas le droit de consommer. Nous avons la chance de pouvoir pratiquer les deux : ne la gâchons pas. Sinon, la consommation diminuera par nécessité et, un peu plus tard, la responsabilité et donc la liberté.

Les étudiants qui aimeraient bien suivre leurs cours restent le plus souvent frileusement chez eux, s'informant par la radio ou la télévision ;

c'était déjà comme cela en 1968. Les plus courageux, qui prétendent s'exprimer mais n'ont pas appris à le faire efficacement, se rendent aux « assemblées générales » et croient le dialogue possible. Il est facile de clore le bec à ces bons soldats par quelques slogans bien sentis et applaudis par l'AG. Même tableau du côté des professeurs des universités ou des lycées : les plus engagés encouragent le mouvement, la majorité se partage entre le soutien tacite et un prudent repli sur son domicile, une minorité s'oppose et se voit traiter des noms les plus charmants du vocabulaire militant. La voix des professeurs a été presque inaudible pendant cette longue crise, à l'étonnement même de la presse qui avait encore le souvenir des manifestations, pétitions, menaces de démission du mouvement de défense de la recherche en 2004[1].

Pour la première fois, on a vu en 2006 des présidents d'université organiser des votes à bulletin secret pour demander gentiment à leurs étudiants s'ils voulaient ou non suivre des cours. Heureusement, les gardiens de la Révolution ne les ont pas

---

1. Serge Bolloch, « Les universitaires absents du conflit du CPE », *Le Monde*, 16-17 avril 2006, p. 2. Ce journaliste remarque : « Alain Geismar, le leader enseignant de Mai 68, n'a pas trouvé de successeur. »

laissés mettre à exécution leur vil projet : les portes ont été barricadées, les urnes renversées et les bulletins de vote semés à tout vent. Ils ne connaissent pas l'Histoire, mais en ont bien retenu les recettes. Ils n'iront pas voter aux élections universitaires, ni aux élections nationales ; point de collusion, ce n'est pas ainsi que le peuple dicte sa volonté. Le plus navrant est le grand silence qui accueille ces atteintes aux libertés qui rappellent les pires moments de l'histoire du XXe siècle. Quelques tribunaux administratifs ont eu le courage d'exiger le déblocage des campus, celui de Grenoble par exemple, mais leurs décisions n'ont été suivies d'aucun effet. La majorité des Français n'a pas compris et s'est autant choquée de la chienlit[1] que de ce qu'elle a estimé être une obstination incompréhensible du gouvernement, c'est-à-dire de l'État.

Il n'y a pourtant pas de quoi s'étonner, puisque l'histoire des émotions étudiantes bégaie. Elles font partie du patrimoine intangible de la France et les causes en sont toujours à peu près les mêmes. L'une des dernières en date avait eu pour déclencheur le CIP, le Contrat d'insertion professionnelle, ce décret de 1993 imaginé puis retiré par

---

1. Un mot, rappelons-le, remis à l'honneur par le général de Gaulle en mai 1968 : « La réforme, oui ; la chienlit, non ! »

Édouard Balladur à la suite de belles manifestations. Du projet de loi d'Alain Devaquet, ministre de l'Enseignement supérieur et de la Recherche en 1986, on se souvient surtout de la dramatique mort de Malek Oussekine d'une crise cardiaque, alors que ce malheureux et fragile manifestant était serré de près par des CRS. Le texte aménageait l'entrée à l'Université et esquissait une sélection assortie d'une légère augmentation des droits d'inscription. La crise de mai 1968 était née d'une agitation larvée depuis l'automne 1967 autour des projets Fouchet d'instauration d'une sélection à l'entrée de l'Université. Et l'on pourrait remonter plus avant. En mars 1965, les étudiants étaient dans la rue pour réclamer une allocation d'études, en avril 1963 pour un relèvement des crédits d'enseignement supérieur, en février de la même année parce que le gouvernement ne voulait pas recevoir le bureau de l'UNEF, en 1960-1962 contre la guerre d'Algérie, mais aussi contre la réforme du sursis, en janvier et en mars 1957 pour une augmentation des bourses. Le 25 avril 1956, c'était la « grève nationale du déjeuner » pour réclamer une diminution des tarifs des restaurants universitaires. Des manifestations eurent lieu en 1954 et en 1953 pour réclamer davantage de crédits pour les universités, des bâtiments et des bourses à la fois plus nombreuses et revalorisées. Ce long demi-siècle d'agitation avait commencé les 6 et 7 juin 1947 par une « grève » nationale étudiante contre le projet d'augmentation des droits d'inscription et pour davantage de bourses. Toujours la même idée : pas de sélection et plus de moyens pour l'Université, mais uniquement en provenance de l'État. Ceux qui descendent dans la rue sont les étudiants des premiers cycles généralistes, accompagnés des lycéens des sections générales, qui n'entrevoient aucun débouché professionnel clair à leurs études.

La grève est un droit imprescriptible inscrit dans la Constitution et qui permet, en ultime recours, au salarié mécontent de manifester son opposition aux choix de son employeur, voire du gouvernement en cas de grève d'un secteur vital de l'économie ou, à plus forte raison, de grève générale. Alors l'entreprise ne produit pas et se voit mise en péril, tandis que l'employé ne touche pas de salaire : il y a risque de part et d'autre. Pour un étudiant qui ne reçoit pas de salaire et qui paie des droits d'inscription dérisoires, le mot « grève » n'a aucun sens réel. S'il ne veut pas aller en cours, il n'y va pas et le seul risque qu'il prend est celui d'échouer à ses examens et de ne pas obtenir de diplôme, risque que depuis 1968 les étudiants « grévistes » ne veulent même pas prendre. Nous avons « droit » à nos examens et surtout à nos diplômes, ont-ils encore proclamé en ce printemps 2006. La coordination nationale étudiante anti-CPE vote le 16 avril le texte suivant[1] : « Nous exigeons des garanties sur le déroulement des examens de fin d'année. Nous dénonçons le chantage aux examens et l'accord illégitime entre l'UNEF[2] et la Conférence des présidents d'université pour le report des examens après le rattrapage quasi intégral des cours. Le calendrier universitaire doit être maintenu quoi qu'il arrive. Ce n'est pas la grève qui dévalorise nos diplômes, c'est la réforme LMD[3] qu'il faut abroger. »

---

1. Dépêche n° 64263 de l'AEF, 18 avril 2006.
2. Union nationale des étudiants de France, l'un des principaux syndicats étudiants, proche de la gauche du Parti socialiste et très en pointe au sein du mouvement anti-CPE qu'il a rapidement rallié, mais où il a fini par se faire dépasser. Ce syndicat a obtenu 35 sièges sur 182 aux récentes élections aux conseils d'administration des CROUS (Centres régionaux des œuvres universitaires et scolaires) des 21-23 mars et 4 avril 2006, contre 89 aux dernières élections de 2004. Il est vrai que la signification de ces résultats est toute relative, puisque seuls 4,41 % des étudiants ont participé au scrutin, contre 8,25 % en 2004. Prudemment, face à une débâcle prévisible, l'UNEF avait appelé au boycott de ces élections, pour cause de lutte anti-CPE.
3. Licence-master-doctorat, réforme européenne, dite « processus de Bologne », qui aligne désormais toutes les universités françaises sur le modèle européen d'études s'étalant sur huit ans (trois ans de licence, deux ans de master, trois ans de doctorat).

Les personnels enseignants et administratifs, quant à eux, ne voient nullement leur emploi mis en péril lors des blocages ; seuls la conscience professionnelle et le civisme de ceux qui désapprouvent le mouvement sont bousculés. Disons-le franchement, c'est pour certains l'occasion d'un petit repos inattendu ou d'une fenêtre de liberté permettant d'avancer leurs recherches.

Les « grévistes » représentent une infime minorité au début du mouvement. Ce sont des membres affiliés ou apparentés à un certain nombre de syndicats d'extrême gauche : CNT (Confédération nationale du travail), SUD Éducation (fédération des syndicats SUD Éducation, Solidaires, Unitaires, Démocratiques), FSE (Fédération syndicale étudiante), etc. Arrêtons-nous un instant sur ces organisations regroupant des militants en petit nombre, mais bien formés et décidés en particulier à laisser des traces aussi indélébiles que possible de leur passage. Leurs manifestes éclairent très bien la manière dont le mouvement anti-CPE est né et a grandi.

La CNT, la plus ancienne, a été créée en 1946 par référence à la CNT espagnole, mais elle est groupusculaire jusqu'au milieu des années 1990. Une branche étudiante s'organise à partir de 1996. Le projet est clairement affiché : « La petite CNT a une grande ambition : l'émancipation des travailleurs, l'abolition des classes, l'égalité et la justice sociale, la gestion de la société par les producteurs[1]. » Et, après le retrait du CPE, la CNT triomphe, annonçant d'autres actions du même ordre : « N'empêche, il faudra s'en souvenir : une loi votée peut être défaite. Le CPE, voté et promulgué, est aujourd'hui retiré. Une belle leçon de démocratie directe… L'action dans la grève reconductible montre sa force, sa créativité, sa pertinence. »

SUD pour sa part existe dans l'Éducation nationale depuis 1996 et proclame : « Nous nous revendiquons d'un syndicalisme de lutte […] radical dans sa critique de la société actuelle […]. Notre efficacité, c'est notre capacité de révolte[2]. »

Le manifeste de la FSE, créée en 2003, est encore plus explicite dans sa négation de l'État de droit : « Nous sommes un syndicat de lutte […] Nous ne reconnaissons comme légitime aucune instance dite représentative et démocratique, qu'elle soit locale ou nationale (CA, CEVU, CS, CNESER, CROUS, CNOUS…). […] Le syndicat est un outil au service de la lutte et doit favoriser son auto-organisation. Lors d'un mouvement étudiant, il doit veiller à la mise en place d'assemblées générales souveraines. En outre, nous devons

---

1. www.cnt-f.org/du 20 avril 2006.
2. www.sudeducation.org/

travailler au service de la lutte en accord avec les principes précédemment évoqués, en combattant pour des coordinations nationales, seules légitimes à représenter les luttes étudiantes[1]. »

Comment un certain nombre d'étudiants, de professeurs et de présidents naïfs ont-ils pu croire à la spontanéité et à la légitimité des assemblées générales, ou penser, ce qui revient au même, qu'il est possible de les raisonner et d'obtenir d'elles des votes de sagesse ou, tout simplement, des votes démocratiques ? La leçon a été cruelle pour certains lorsqu'ils ont découvert les dégâts commis, car ces mouvements clairement hors la loi expriment leur mépris des institutions en saccageant avec application les locaux dont ils ont pris possession par la force. Les inscriptions taguées sur les murs d'un certain nombre d'universités et de l'EHESS se comprennent ainsi beaucoup mieux, tout comme celle-ci, retrouvée sur les murs de la galerie Richelieu de la Sorbonne : « Nous ne voulons pas travailler. » Pour les auteurs, le CPE n'est bien sûr qu'un prétexte.

L'UNEF a vite compris qu'elle avait tout intérêt à rallier ce mouvement inespéré pour redorer son blason et à en prendre la tête. Son nouveau président, Bruno Julliard, est de taille à cela. Élu en

---

1. www.luttes-etudiantes.com/FSE/charte.php

JEUNES, ON VOUS MENT !

2005 à la tête de ce qui fut longtemps le principal syndicat étudiant, cet étudiant de vingt-sept ans, en droit public à Lyon-II, a été formé à bonne école. Sa mère, Arlette Arnaud-Landau, est maire socialiste du Puy-en-Velay et vice-présidente du conseil régional d'Auvergne, et son beau-père, Jacques Landau, est communiste. Il avoue sans difficulté n'avoir jamais travaillé pour payer ses études : « J'ai la chance d'avoir des parents qui ont les moyens de me les financer[1]. » Lui-même est proche d'Henri Emmanuelli. Certains courants du Parti socialiste, dont celui d'Henri Emmanuelli, se rapprochent d'ailleurs des mouvements que l'on vient d'évoquer. Ils demandent à leur parti de bannir l'expression « égalité des chances », qualifiée de « concept pétainiste », pour le remplacer par « égalité[2] ». Non à Pétain, mais oui à Staline et à la résurrection de l'URSS !

Pendant la crise anti-CPE, *Le Monde* a publié deux portraits édifiants : celui de Bruno Julliard[3] et

---

1. Sur Europe 1, au micro de Jean-Pierre Elkabbach. François d'Orcival, « Rébellion en trompe-l'œil », *Le Figaro Magazine*, 1er avril 2006, p. 16.
2. Myriam Lévy, « Le PS toujours au stade du débat sur les banlieues », *Le Figaro*, lundi 27 mars 2006, p. 7.
3. Martine Laronche, « Bruno Julliard, militant en contrat permanent », *Le Monde*, 7 mars 2006.

celui de Karim Jivraj, un étudiant antiblocage, Canadien anglophone d'origine indienne[1]. En lisant le premier, on comprend le parcours sans faute d'un jeune militant formé par son entourage, qui sait déjà, lorsqu'il est en CM2, organiser une manif' de ses petits camarades pour qu'on ne coupe pas les arbres dans la cour de son école. La journaliste décrit les contorsions qu'il pratique avec talent pour affirmer la totale indépendance de l'UNEF vis-à-vis du Parti socialiste. Le second, âgé seulement de dix-neuf ans, est aussi étudiant en droit, à Paris 1, vient de l'Ontario et a choisi de venir étudier à Paris en raison de la réputation des universités du quartier Latin. Il est tombé de haut face au délabrement des locaux, à l'atmosphère, à l'absence totale d'ouverture sur le monde. Il n'hésite pas à critiquer les étudiants français qui ont « plus envie de s'afficher dans leur préférence politique pour avoir une existence que de raisonner sur des grands sujets ». Il a parfaitement compris la vacuité des AG où il se rend quand même pour essayer de convaincre ses camarades de reprendre les cours. Il ose même dire du CPE devant une assistance médusée : « Si ce n'est qu'une petite réforme, elle va dans le bon sens. [...] Si je fais

---

1. Alain Abellard, « Karim Jivraj, un rêve de Sorbonne », *Le Monde*, 24 mars 2006, p. 18.

mon job, je ne vois pas pourquoi mon employeur me virerait. C'est un fantasme, cette idée. » À son âge, il porte le bon diagnostic sur les anti-CPE : « Beaucoup d'entre eux ne sont pas contents d'être en faculté, parce qu'ils savent qu'ils n'accéderont pas aux postes de responsabilité et de pouvoir. Le système les trompe, alors ils se drapent dans une attitude rebelle. » Belle leçon pour nos princes ! Karim Jivraj a compris que le système n'est pas replâtrable, mais qu'il doit être bouleversé de fond en comble.

À force d'AG, les meneurs révolutionnaires, rejoints par l'UNEF et d'autres mouvements comme la Confédération étudiante, proche de la CFDT[1], sont parvenus à mobiliser dans certaines universités jusqu'à 10 % des étudiants inscrits[2]. C'est peu, mais cela fait quand même du monde et du bruit et cela permet de faire croire légitimes les piquets de grève et le blocage des campus. La pression est ainsi principalement exercée sur la majorité

---

1. Sa présidente, Julie Coudry, en master à vingt-sept ans, est même parvenue à impressionner Bernard Accoyer, président du groupe UMP à l'Assemblée nationale. Voir Patrick Roger, « Trois jours pour tuer le CPE », *Le Monde*, mercredi 19 avril 2006, p. 3. Mais la Confédération étudiante, dissidente de l'UNEF, représente très peu d'étudiants dans les universités.

2. À Paris-Sorbonne, la somme des participants (pro et anti-blocage mêlés) aux « assemblées générales » n'a jamais dépassé un millier d'étudiants sur 26 000 inscrits.

silencieuse, sur les étudiants étrangers abasourdis de ce qu'ils voient, sur l'image nationale et internationale de l'Université française et bien sûr, en dernier ressort, sur le gouvernement. Une « coordination nationale étudiante » réunie à l'université d'Aix-en-Provence le 25 mars 2006 adopte la motion suivante : « Le gouvernement compte sur le pourrissement de la situation. La grève isolée des étudiants et des lycéens ne suffit pas. Alors la coordination nationale pose la question aux étudiants, aux lycéens, aux travailleurs et à leurs organisations : y a-t-il une autre issue que la grève interprofessionnelle immédiatement jusqu'au retrait du CPE-CNE et de la loi sur l'égalité des chances ? » Et les étudiants de l'université Paris-Sorbonne de renchérir dans un texte adopté le 29 mars en « assemblée générale » : « Nous souhaitons tous retourner en cours mais c'est le gouvernement qui, par son entêtement (et ce malgré la mobilisation des lycées, des étudiants et des salariés), engendre un pourrissement de la situation. » On croit rêver lorsque le président de l'université de Nantes écrit le 31 mars au président de la République en le sommant de ne pas promulguer la loi votée, en accusant le ministre de l'Éducation nationale de faire preuve « d'un extraordinaire mépris pour toutes celles et tous ceux qui manifestent depuis deux mois » et en ajoutant, pour faire bonne mesure : « Les universités sont devenues les otages [...] de l'attitude roide de votre gouvernement. »

L'essentiel pour une AG bien conduite – ou plutôt manipulée – est de parvenir à un vote à main levée décidant le blocage du campus. Aussitôt se mobilisent des « piquets de grève » qui montent des barricades de tables et de chaises ou bien, s'ils sont assez nombreux, organisent le filtrage jusqu'à l'AG suivante du lendemain qui reconduit le mouvement. Dans le brouhaha d'un amphithéâtre si possible plein, les tribuns se relaient pour formuler des revendications maximalistes et obtenir des votes quasi unanimes. Il s'agit aussi de préparer les slogans et calicots des manifestations de rue. Le scénario est bien rodé et, en général, l'opposition est d'une discrétion totale. Seuls prennent la parole ceux qui ont appris à parler en public, ceux qui savent manier la dialectique, retourner les arguments à leur avantage, enchaîner les phrases, sans pause, de telle manière qu'un éventuel opposant ou interlocuteur ne puisse intervenir. Certains politiciens sont très habiles à ce jeu face à des journalistes et des contradicteurs, utilisant quand il faut le sésame qui permet de doubler son temps de parole : « Je vous ai laissé parler, laissez-moi finir mon propos. » Bruno Julliard est rompu à cette technique. Ce rituel se répète à l'identique depuis 1968, mais la majorité des jeunes étudiants, frais émoulus du lycée, le découvrent pour la première fois et lui trouvent une fraîcheur épatante. Ils ont l'impression d'écrire l'Histoire et pensent que la jeunesse méprisée par le « pouvoir » parvient enfin à s'exprimer.

Au bout de trois semaines d'un mouvement décrit quotidiennement par les médias avec gourmandise, l'opinion publique, tout au moins celle que révèlent les sondages, est mûre : plus des deux tiers des Français sont très opposés au CPE et demandent au gouvernement de s'incliner. Le tour est joué et les institutions de la République ont encore pris un coup sur le nez dont seuls les mouvements anarchistes tireront profit. Le CPE était aussi anodin que possible, puisqu'il existe des lois comparables en Italie, en Angleterre, en Allemagne, mais il a permis de tester la faible résistance de l'État de droit.

Même le quotidien *Libération*, pourtant peu suspect de sympathie pour le contrat CPE et le gouvernement de Dominique de Villepin, s'étonne de la platitude des revendications étudiantes. Sous la plume de Laurent Bastidon et de Sofiane Boukhari, créateurs du magazine *L'Alternatif*, on peut lire : « Le flot d'images déversées de notre génération anti-CPE nous ramène, une fois de plus, une vague de nostalgie post-soixante-huitarde déconnectée de notre réalité : mêmes slogans, mêmes gavroches, les éternels pavés de la Sorbonne, les mêmes baisers de jeunes couples amoureux s'étreignant tandis que les

CRS chargent derrière eux. Pour un peu, nous serions les héros bohèmes d'un film de Bertolucci, avec Paris comme décor idéal. Il n'y a qu'à compter le nombre d'appareils photo, de caméras numériques, de jeunes rêvant de passer à la télé ou envoyant des SMS à leurs parents pour dire : *"Alors, tu m'as vu*[1] *?"* » Et leur constat amer se termine sur une note implacable : « La révolte générationnelle est pour l'instant une révolte de façade. Elle combat légitimement un contrat abject avec des armes pernicieuses. Mais sans renouvellement créatif et sans nouvelles idées, notre génération s'enfoncera dans l'ennui et dans la frustration. La sécurité de l'emploi, c'est aussi se faire chier toute sa vie. » Voilà qui change des propos maintes fois entendus ces dernières semaines dans la bouche d'étudiants interrogés par des journalistes et réclamant un CDI pour… pouvoir emprunter et acheter une maison ! Mao, Hô Chi Minh, Che Guevara, retournez-vous dans vos tombes ! Ils ont vingt ans à l'état civil et soixante dans leur tête ; leur sécurité et leur retraite leur importent plus que l'aventure de leur vie. Les héros sont fatigués avant même de partir à la conquête du monde. Quant à l'humour, ils l'ont oublié au vestiaire ! Comment se supporteront-ils

---

1. « Jeunesse, où est la relève ? », *Libération*, 4 avril 2006, p. 35.

eux-mêmes encore quelques décennies s'ils ont déjà, à leur âge, un sentiment si tragique de la vie et quand 60 % d'entre eux rêvent d'être fonctionnaires[1] ?

Quant au *Nouvel Observateur*, pas plus suspect que *Libération* de soutenir le gouvernement de Dominique de Villepin, il est également fort critique vis-à-vis du mouvement, sous la plume du sociologue Jean-Pierre Le Goff : « Parents et enfants qui ont participé à ces mouvements s'enferment dans une crainte réactive et ne parviennent pas à en sortir... On ne saurait reprocher à la jeunesse son angoisse devant le monde d'aujourd'hui et l'immaturité de sa révolte, mais on est en droit d'attendre des adultes qu'ils ne les encouragent pas dans cette impassse... L'euphorie de la gauche après le retrait du CPE a quelque chose de pathétique : si elle arrivait au pouvoir, comment ferait-elle pour gouverner avec un tel mouvement qu'elle aura de fait entretenu et qui peut se retourner très vite contre elle à la moindre occasion de réforme[2] ? »

---

1. Et même 68 % : c'est le pourcentage effarant obtenu par un professeur de Paris-Sorbonne à partir des fiches de ses étudiants de première année de Langues étrangères appliquées, l'une des filières les mieux orientées vers l'entreprise au sein des humanités.

2. Jean-Pierre Le Goff, « Les lendemains de la révolte », *Le Nouvel Observateur*, 20-26 avril 2006, pp. 98-99.

Tant de criailleries estudiantines sans vraies conséquences apparentes révèlent un vide abyssal de la pensée. Elles s'inscrivent bien sûr dans le plus grand des travers français : la révolte plutôt que la réforme, l'invective plutôt que l'argument, la division plutôt que l'unité. Aux guerres de Religion et aux jacqueries de l'Ancien Régime ont succédé la Révolution française, celles de 1830 et de 1848, la Commune, les émeutes de 1934, celles de 1968, pour n'évoquer que les principales. Il y en aurait eu d'autres sans les deux guerres mondiales et celles de la décolonisation. Notre pays ne bouge ou ne croit bouger qu'en faisant la révolution. Et il ne guérit pas de cette attitude infantile que seuls certains intellectuels persistent à trouver hautement éducative et romantique.

Aucun pays étranger ne le comprend. Au cours de ces mois de mars et d'avril 2006, j'ai eu l'occasion de rencontrer des journalistes du monde entier et de toutes sensibilités politiques : aucun ne parvenait à comprendre ce qui se passait en France. Les correspondants de la chaîne chinoise Phénix, de la deuxième chaîne russe ou du quotidien la *Pravda* se frottent les yeux pour le croire : que demandent ces jeunes Français qui vivent dans un pays riche et disposent de toutes les libertés ? La journaliste de *La Repubblica*, le quotidien italien de gauche, s'étonne : « Nous avons chez nous l'équivalent du CPE depuis quelques années et, trop content de ne pas avoir à l'inventer, le gouvernement Prodi n'y touchera certainement pas. » *El Pais*, le quotidien espagnol de centre gauche, commente ainsi ce qu'il appelle le psychodrame français : « Le triomphe du non au référendum sur la Constitution européenne a beaucoup à voir avec la manifestation d'hier dans leur rejet d'une France plus libéralisée et modernisée, à même d'affronter la compétition dans un environnement globalisé. [...] Le CPE est l'étincelle qui a allumé un incendie alimenté par des citoyens frustrés, opposés à tout changement et qui veulent préserver à outrance un modèle social[1]. » Même son de cloche dans le quotidien de droite *ABC* qui parle d'une « société obsédée par la conservation de son bien-être » et « languit sans illusion face à l'avenir ».

Une dernière réaction navrée, celle du Britannique Dennis MacShane, ancien ministre travailliste des Affaires européennes : « Les conservateurs, à droite comme à gauche, sont la force dominante de la France. [...] Pour un Britannique, la France est comme un remake des années 70 au Royaume-Uni. À l'époque, toutes les réformes, fussent-elles modestes, étaient systématiquement rejetées par les syndicats et

---

1. *El Pais*, 29 mars 2006. Traduction AFP citée par *Le Figaro*, 30 mars 2006, p. 8.

le Labour. [...] Si les élites du PS ou de l'UMP sont gênées de s'inspirer des bonnes réformes du Royaume-Uni, qu'ils regardent du côté de l'Espagne. [...] Toute ma vie, j'ai aimé la France. J'ai perdu l'admiration qu'elle m'inspirait[1]. » Les droites comme les gauches européennes, unanimes, s'étonnent de l'immobilisme français. J'ai reçu maintes critiques pour avoir déclaré en début de crise au *Financial Times* : « J'ai honte de mon pays[2]. » Je persiste et signe avec une infinie tristesse en lisant une telle avalanche de jugements stupéfaits et sévères sur la France.

Il est paradoxal que l'État de droit soit régulièrement mis en échec par la rue[3] dans un pays si prompt à donner à la terre entière des leçons de démocratie, qui se vante d'avoir donné au monde la Déclaration des droits de l'homme et du citoyen. C'est de ce sujet qu'il conviendrait un jour de débattre à l'école et dans les médias. Pourquoi en

---

1. Dennis MacShane, « Pourquoi j'ai cessé d'admirer la France », *Le Figaro*, 22-23 avril 2006, p. 18.
2. Tom Braithwaite, « Sorbonne chief berates students ahead of protest », *Financial Times*, 28 mars 2006.
3. Presque exclusivement, il faut le remarquer, lorsqu'une majorité de droite est au pouvoir. C'est loin d'être une pratique générale à l'échelle mondiale. Les pays de l'ancien bloc communiste d'Europe et d'Asie ont amplement démontré le contraire depuis le soulèvement de Budapest en 1956 et jusqu'à la chute du mur de Berlin.

France et pas en Grande-Bretagne, en Espagne, en Allemagne, en Belgique, aux Pays-Bas, dans les pays scandinaves, aux États-Unis, au Japon, en Israël, qui sont des démocraties moins moralisatrices ? Qu'une jeunesse, habituée à tout voir céder devant elle, ne mesure pas la portée de ses exigences et de ses actions peut se comprendre à défaut de s'accepter. Mais que des parents, des professeurs, des présidents d'université, des syndicalistes, des intellectuels, des journalistes et des responsables politiques aillent dans le même sens, voilà qui laisse pantois.

La récente éruption printanière laisse à tout le monde un goût amer. Elle dissuade un peu plus les partis politiques de s'attaquer à une vraie réforme de l'Éducation nationale dont elle a pourtant tellement besoin. On peut penser qu'Alain Devaquet, depuis des années conseiller à l'Élysée, revit à chaque crise les heures douloureuses de 1986 et recommande au président de ne surtout pas s'attaquer à cette vache sacrée. Certes, les lycées et les universités ne sont pas toute la France, mais ce milieu est révélateur des espoirs ou des illusions de la société. C'est pourquoi il faut l'écouter, tout au moins lire entre les lignes de ses discours revendicatifs, lui parler vrai avec des mots qui font mouche et, un jour aussi prochain que possible, lui redonner missions et honneur. Sinon, il refera une crise de nerfs qui s'achèvera dans l'insatisfaction, puisqu'il n'aura obtenu qu'une partie de ce qu'il veut. La surenchère des revendications est d'ailleurs montée à mesure que le mouvement anti-CPE s'essoufflait. Elle est classique de la part d'interlocuteurs qui n'ont jamais appris à négocier un contrat donnant-donnant ou, si l'on préfère le langage anthropologique, don et contre-don, ce qui est pourtant une loi fondamentale de la vie.

Les samedi et dimanche 15 et 16 avril 2006, week-end pascal, la coordination nationale étudiante anti-CPE se réunit à Nancy. Certes, ils ne sont plus que 150 délégués contre les 500 des week-ends précédents, mais ils viennent de trente-sept universités. Les textes votés, dont voici quelques extraits, sont des morceaux d'anthologie : « Nous appelons à continuer la mobilisation, à maintenir les blocages et à reconnaître leur nécessité. [...] Le gouvernement est affaibli, c'est un point d'appui pour continuer à nous battre afin de gagner sur toutes nos revendications. Après un tel désaveu, Chirac et son gouvernement doivent partir ! [...] Nous continuons à nous battre, notamment pour le retrait de l'intégralité de la loi sur l'égalité des chances, du CNE et du projet de loi CESEDA (loi Sarkozy II sur "l'immigration choisie", qui doit être votée le 3 mai 2006 à l'Assemblée nationale). [...] D'autant plus que l'article remplaçant le CPE dans la LEC s'accompagne d'une nouvelle série de cadeaux fiscaux aux employeurs[1]. [...] La coordination nationale condamne le contenu et les conclusions des pourparlers engagés entre les dirigeants syndicaux et l'État – UMP. Seul le mouvement de lutte est légitime pour signifier la victoire ou la défaite de la lutte. Nous exigeons des directions syndicales qu'elles rompent toute négociation avec le MEDEF et le gouvernement. [...] Nous avons également un certain nombre d'autres revendications (abrogation de la loi Fillon, hausse des postes au CAPES). [...] Notre lutte a révélé une crise sociale et politique. [...] La logique capitaliste est mise au ban des accusés. Le capitalisme ne peut donner aucune réforme sociale positive[2]. » À un journaliste du *Monde*, un étudiant partisan de la poursuite des blocages avoue la bouche en cœur ce qui est clair depuis le début dans les motivations des meneurs : « Ce mouvement n'a jamais été un

---

1. Dépêche n° 64263 de l'agence AEF datée du 18 avril 2006.
2. Beaucoup de slogans et de déclarations faites par des étudiants pendant le mouvement témoignent d'une méconnaissance et d'un mépris profonds des entreprises et des patrons, considérés comme des affameurs du peuple, en particulier parce que les ténors du CAC 40 touchent de très fortes rémunérations. L'idée que l'on puisse *encourager* et non *obliger* les entreprises à embaucher et à ne jamais débaucher leur est totalement étrangère.

mouvement anti-CPE. C'est un mouvement anticapitaliste[1]. »

Le bilan matériel du mouvement anti-CPE se chiffre globalement par des dégradations sur les campus de plusieurs millions d'euros. Le second semestre universitaire est gâché et sera couronné par des diplômes qui, dans un certain nombre d'universités, auront encore moins de valeur qu'à l'accoutumée et permettront encore moins aux étudiants de s'insérer sur le marché de l'emploi. D'aucuns cherchent quelques retombées positives, affirmant, par exemple, que les longues journées et nuits passées par certains étudiants dans les assemblées générales ont constitué pour eux une formation politique sur le tas ! C'est évidemment fort discutable compte tenu du manque total de rigueur des argumentations développées dans ce type de réunion. « Tout labeur donne du profit, le bavardage ne produit que disette[2] », disent les Écritures. Le seul bien qui pourrait sortir de ce désordre, c'est de faire prendre conscience à l'opinion, aux médias et à la classe politique que le système universitaire français est usé jusqu'à la corde.

---

1. Laurent Greilsamer, « Le plus dur, c'est la fin », *Le Monde*, 18 avril 2006, p. 2.
2. Prov., XIV, 23.

II

L'Université à la dérive

On ne peut pas dire que l'Université française n'a pas changé de visage depuis la Seconde Guerre mondiale. Elle est au contraire méconnaissable, mais en bien des domaines le bouleversement s'est révélé plus quantitatif que qualitatif. L'université de masse n'a pas été réellement voulue et n'a donc été ni anticipée, ni politiquement pensée et dotée d'objectifs, ni financée. Cela fait beaucoup de handicaps.

Avant la guerre, les étudiants étaient à peine plus nombreux que leurs maîtres. Souvent issus de milieux aisés et cultivés, ils étaient peu soucieux de leur avenir professionnel, souvent déjà tout tracé. Ils pouvaient se permettre de mener joyeuse vie au quartier Latin ou dans ses équivalents provinciaux tout en acquérant malgré tout, presque sans le faire exprès, assez d'esprit et de connaissances pour se débrouiller dans la vie. Professeurs et étudiants se connaissaient tous par leur nom et entretenaient des rapports de hiérarchie et de complicité mêlées, assez comparables à ceux qui ont cours dans les collèges d'Oxford ou de Cambridge, dans ceux du Paris ou du Bologne médiéval ou sous les oliviers du flanc de l'Acropole où Socrate pratiquait la maïeutique. Dans les années 1920, par exemple, Achille Mestre, professeur de droit réputé, tenait table ouverte chez lui à Paris, boulevard Saint-Germain. Il recevait tous les jours dans une atmosphère de créativité et de liberté intellectuelle les plus passionnés de ses élèves et les artistes ou écrivains qu'il connaissait ou qu'il rencontrait fortuitement. Il perpétuait ainsi la tradition des salons littéraires des XVIIIe et XIXe siècles.

Les Trente Glorieuses et l'automatisation d'un certain nombre de tâches manuelles ont entraîné la baisse de l'apprentissage et de l'entrée précoce dans la vie active. Les services ont connu un grand essor. L'allongement de la durée des études a été permis par l'augmentation générale du niveau de vie et par le maintien de la gratuité de l'accès à l'ensemble de l'enseignement public, choix que la IIIe République avait imaginé pour l'enseignement primaire laïc, afin de permettre à tous les petits Français d'apprendre à lire et à écrire avec, pour contrepartie, l'obligation pour tous d'aller à l'école. C'est depuis les années 1920 qu'est instituée la gratuité du secondaire.

Cependant, jusqu'à la Seconde Guerre mondiale, les enfants d'origine modeste devaient travailler dès la sortie de l'école afin de participer à la vie matérielle de leur famille. C'était alors le travail à la ferme, dans l'atelier ou le commerce familial, l'apprentissage ou un premier emploi médiocrement rémunéré. Seuls les meilleurs se voyaient proposer des bourses afin de poursuivre leurs études vers le secondaire, puis l'école normale ou, exceptionnellement, les classes préparatoires d'un grand lycée ou l'université. Ils étudiaient alors en compagnie des enfants issus de la bourgeoisie, nés pour certains une petite cuiller en argent dans la bouche et qui n'éprouvaient guère de difficultés à s'insérer dans l'élite. Les plus doués des enfants issus de milieux modestes parvenaient à de hautes responsabilités, y compris politiques, mais plutôt dans la fonction publique ou dans le métier d'ingénieur que dans la finance. C'était le temps de la méritocratie et de l'ascenseur social, certes très étroit, mais bien réel. Hélas, ce qui constituait le socle du « modèle » français, comme de toute démocratie réelle, est en voie de disparition.

Pendant les manifestations de mars, on a entendu des militants étudiants oser affirmer avec autant d'arrogance que de candeur : « ce n'est pas l'égalité des chances que nous voulons, c'est une véritable égalité ». Cela fait froid dans le dos quand on sait quelles souffrances ont été endurées au nom de ce principe par des centaines de millions de Soviétiques, de Chinois et de citoyens des peuples du glacis. Dans un pays civilisé et réellement démocratique, seule l'égalité des chances constitue un idéal. Elle est très difficile à atteindre, car les enfants bien nés disposent à l'évidence de facilités supplémentaires que leur éventuelle médiocrité ne parvient jamais à effacer complètement. C'est à la société et à l'école, en particulier, de tirer tous les enfants vers le haut, de repérer leurs goûts et talents et de les aider à les valoriser. Azouz Begag, né dans un bidonville de Lyon et devenu ministre, n'a rien reçu d'autre dans sa vie : une exigence et une immense confiance de la part de parents sans instruction, mais non sans valeurs, puis de ses maîtres de l'école primaire et secondaire, les bourses méritées au moment où elles étaient nécessaires, puis le désir chevillé au corps de s'en sortir[1].

---

1. Son roman autobiographique, *Le Gône du Chaaba* (Paris, Seuil, 1986), est d'une salutaire lecture. Tous les Français devraient l'avoir lu. Son essai sociologique *Les Dérouilleurs : Français de banlieue*, Paris, Mille et une nuits, 2002, montre aussi que la volonté et l'imagination permettent de sortir de l'impasse sociale et économique que constituent un certain nombre de « quartiers » de la périphérie de nos villes.

L'arrivée massive des générations du *baby-boom* au lycée puis à l'université n'a jamais fait l'objet d'un choix pensé et programmé. L'État a suivi une demande sociale plus ou moins clairement formulée. Le nombre des bacheliers a augmenté et ceux-ci ont souhaité, toujours plus nombreux, entrer dans l'enseignement supérieur. En 1950, les universités accueillent 135 000 étudiants et les grandes écoles 11 000[1]. Dix ans plus tard, les effectifs étudiants sont passés à 200 000 et ceux des élèves des grandes écoles à 20 000. En 1980, ce sont 800 000 étudiants qui se pressent *dans* les universités et 400 000 dans les autres formations post-baccalauréat. On ne peut, hélas, se réjouir du fait que 2 300 000 jeunes Français soient aujourd'hui dans l'enseignement supérieur, tant celui-ci remplit mal une mission qui, encore une fois, ne lui a jamais été clairement signifiée et n'a jamais été traduite en objectifs et moyens concrets. Que des bureaux du ministère de l'Éducation nationale considèrent encore que le taux de succès aux examens est un critère sérieux d'efficacité du système est navrant. Le seul critère devrait être le taux d'insertion professionnelle, ainsi qu'une hiérarchie des fonctions et des revenus correspon-

---

[1]. Toutes les statistiques proviennent du ministère de l'Éducation nationale.

dant à la durée des études accomplies. On en est fort loin.

On notera la poursuite de la croissance du nombre de jeunes Français dans l'enseignement supérieur, mais la stagnation des effectifs du vivier de l'excellence que sont les classes préparatoires aux grandes écoles et, plus inquiétante, la diminution récente des effectifs d'étudiants inscrits dans les sections de techniciens supérieurs et les Instituts universitaires de technologie qui, de plus, ne regroupent que 19 % des jeunes qui poursuivent des études après le baccalauréat. Ce sont pourtant des filières bien organisées, installées dans des conditions décentes, bien encadrées, correctement dotées en crédits et surtout assurant des débouchés professionnels variés et des perspectives de carrière souvent intéressantes pour les plus motivés. Même constat navrant pour l'apprentissage qui stagne, alors que quinze fois plus d'élèves se pressent dans le secondaire général, technique et professionnel.

1 300 000 étudiants à l'Université, c'est une belle chose, en apparence. Le problème est que la massification s'est réalisée au sein d'un système à deux vitesses et qu'elle a pratiquement tué la méritocratie. Lorsqu'un barrage saute, il n'est plus question d'irriguer, mais de faire face à l'inondation. C'est exactement la métaphore qui s'applique

ÉVOLUTION RÉCENTE DES EFFECTIFS D'ÉLÈVES ET D'ÉTUDIANTS

	1980-81	*1990-91*	*2000-2001*	*2004-2005*
Premier degré	7 400 000	7 000 000	6 600 000	6 600 000
Second degré	5 300 000	5 700 000	5 600 000	5 500 000
Apprentissage (du CAP à l'enseignement supérieur)	240 000	230 000	380 000	380 000
Enseignement supérieur	**1 200 000**	**1 700 000**	**2 200 000**	**2 300 000**
Dont universités	800 000	1 100 000	1 260 000	1 300 000
Dont CPGE	40 000	70 000	74 000	77 000
Dont STS	70 000	200 000	240 000	230 000
Dont IUT	50 000	75 000	120 000	110 000
Dont écoles de commerce et d'ingénieurs (toutes catégories)	50 000	100 000	160 000	190 000

Source : ministère de l'Éducation nationale.

à l'enseignement supérieur français qui a beaucoup de mal à gérer des effectifs croissants, à offrir un encadrement pédagogique de haute qualité et surtout à conduire ses étudiants vers une insertion professionnelle satisfaisante.

Face à un tel immobilisme qui ne s'interrompt que pour laisser place à des crises de nerfs d'étudiants désabusés, à un tel gâchis pour la jeunesse et donc pour l'avenir d'un pays qui aspire à demeurer une grande puissance dans le domaine politique, économique, culturel, il est temps de réagir. Il est temps de diagnostiquer ce qui ne fonctionne pas dans notre système éducatif et particulièrement son volet supérieur, même si le secondaire et le primaire ne se portent guère mieux. Il est temps d'envisager des solutions courageuses et de convaincre l'opinion et les relais médiatiques qu'elles sont urgentes.

Le mal qui ronge notre enseignement supérieur est ancien. Jusqu'au début du XVIIe siècle, la France est restée dotée de quelques belles universités provinciales (Montpellier, par exemple, pour la médecine, Poitiers pour le droit) et d'un ensemble de collèges parisiens parmi lesquels la Sorbonne que le cardinal de Richelieu, son chancelier, fait reconstruire à grands frais. François Ier a même beaucoup dépensé pour créer le Collège de France pour que le savoir y soit créé et enseigné en toute indépendance vis-à-vis de l'Église. Le niveau français est alors comparable à celui des autres pays européens. Paris est équivalent ou supérieur à

Bologne, Padoue, Salamanque, Oxford et Cambridge, Louvain, Heidelberg, Prague, Vienne, Cracovie, etc. Malheureusement, Louis XIV et Colbert ne s'intéressent guère à l'Université et le Grand Siècle commet la faute de la laisser végéter. Rien ne change au XVIIIe siècle, que ce soit sous l'Ancien Régime et sous la Révolution. Il faut attendre 1806 et Napoléon pour que soit refondée l'Université, mais les différents régimes du XIXe siècle ne se passionnent guère pour elle, alors que divers États allemands ont compris l'importance d'en faire des lieux richement dotés de création et de transmission du savoir. Ce sont des établissements autonomes dans leur fonctionnement et leur financement, tout comme le sont les universités anglo-saxonnes ou celles qui s'inspireront de ce modèle, au Japon, par exemple.

Lorsque la IIIe République décide enfin de rattraper son retard, elle imite le modèle allemand, mais Jules Ferry veut conserver la haute main sur l'enseignement supérieur, comme sur toute l'Éducation nationale. Nous en sommes toujours là : les professeurs sont nommés par le président de la République, sur proposition des conseils restreints des universités, les programmes sont habilités jusque dans le moindre détail par le ministère, le financement provient pour l'essentiel de l'État. D'innombrables rapports doivent être fournis à des administrations tatillonnes qui les épluchent, les expertisent et, longtemps après, prennent parfois des décisions, mais parfois non : Bureau des habilitations pédagogiques en vue de l'harmonisation européenne, Comité national d'évaluation, Bureau du contrat quadriennal qui détermine une petite partie du financement, Cour des comptes, etc. La loi de 1984, dite « loi Savary », revient constamment sur le « service public de l'enseignement supérieur », laissant entendre qu'il s'agit bien d'un service de l'État et que l'autonomie des universités est un leurre. Un signe ne trompe pas : depuis 1969 et la loi Faure, les universités sont le plus souvent désignées par les services du ministère par leur numéro, plutôt que par le nom qu'elles ont en général adopté lorsqu'il y a plusieurs universités dans une ville. C'est tout particulièrement le cas à Paris. Cet usage est peu valorisant, c'est le moins que l'on puisse dire. On objectera qu'il en est ainsi des régiments militaires, ce qui ne semble pas pertinent, car la fonction d'une université n'est en rien comparable et qu'il n'y a aucune raison de la faire obéir au doigt et à l'œil.

Le désastre universitaire français se noue déjà au lycée. Les élèves et leurs parents considèrent, pour beaucoup d'entre eux, que les filières techniques sont dévalorisantes et mal fréquentées.

ACCÈS DES JEUNES FRANÇAIS
AU NIVEAU DU BACCALAURÉAT[1]
EN 2004-2005 (540 000 SUR 780 000)

Bac préparé	Femmes	Hommes	Ensemble
Général	41,7 %	28,4 %	34,9 %
Technologique	21,8 %	19,3 %	20,5 %
Professionnel	12,3 %	16,7 %	14,5 %
Ensemble	75,8 %	64,3 %	69,9 %

Source : MEN.

Seules les formations générales ont bonne réputation, même si elles sont malheureusement la porte d'entrée de larges impasses.

Compte tenu de la pénurie chronique de main-d'œuvre dans de nombreuses branches professionnelles, il est clair que la proportion d'élèves préparant un bac général est trop gonflée par

---

1. Selon le MEN, « cette expression rapporte les entrées en classes de terminale générale, technologique ou professionnelle à l'effectif des générations concernées. Sont également pris en compte les entrants en année finale de formation de niveau baccalauréat, tel le brevet professionnel. L'accès au baccalauréat peut intervenir de 16 à 21 ans… », *Repères et références statistiques sur les enseignements, la formation et la recherche*, Paris, ministère de l'Éducation nationale, de l'Enseignement supérieur et de la Recherche, 2005, p. 96.

rapport aux filières techniques ou professionnelles. Les objections d'un certain nombre de partis et de syndicats à une telle idée sont bien connues. Pour eux, adapter le système de formation au marché de l'emploi, c'est donner tout pouvoir aux entreprises et à leurs patrons qui ne songent qu'à gagner le plus d'argent possible. Il faut, pensent-ils, laisser aux jeunes la liberté de choisir leurs études, quels que soient leurs capacités, leur niveau réel, voire leurs motivations profondes. Toute orientation est une inadmissible sélection opérée par une société répressive. Or chacun sait que peu d'élèves rêvent de devenir boulangers, poissonniers, chauffagistes, secrétaires, conseillers financiers dans une agence bancaire, commerciaux, etc. Pour éviter de fâcher, il vaut bien mieux suivre le mouvement et, pour couronner ce laisser-faire qui va bientôt aboutir aux fameux 80 % d'une classe d'âge au niveau du bac, donner le diplôme au plus grand nombre. En 2002, 78,6 % des élèves de terminales ont obtenu le baccalauréat, mais 80,3 % dans les sections générales et 82,2 % pour la filière littéraire, c'est-à-dire celle dont les bacheliers se dirigent ensuite massivement vers l'université. Ce serait merveilleux si ces chiffres ne masquaient pas un grand laxisme, le plus souvent réclamé par les présidents de jurys et toute la hiérarchie éducative. Est-il recommandable de tromper la jeunesse à ce point et de la laisser se précipiter, au mieux, vers un échec rapide, au pire, à bac +2 ou bac +3, et ensuite vers un chômage prolongé ou un pis-aller professionnel non désiré et non préparé ?

Il ne faut pas croire pour autant que ce baccalauréat-passoire, censé – je dis bien censé – reconnaître un niveau de connaissances et non une capacité à poursuivre des études, soit le prélude à une entrée massive des jeunes Français dans les formations supérieures. Les comparaisons internationales sont accablantes. La France, avec 12,4 % d'adultes ayant accompli des études supérieures, est trois points en dessous de la moyenne des pays de l'OCDE en ce domaine. Les 20 % du Japon et 29 % des États-Unis laissent rêveur, surtout lorsqu'on compare ces taux avec les dépenses consenties par ces pays, lesquelles ne sont que partiellement proportionnelles au PIB par habitant de ces pays.

C'est miracle que la France soit encore la cinquième puissance mondiale, talonnée par la Chine, compte tenu de son faible investissement dans l'enseignement supérieur. Cela pourra-t-il durer ? Les États-Unis, le Japon, l'Allemagne et le Royaume-Uni qui la devancent dépensent tous les quatre plus ou beaucoup plus d'argent pour former plus ou beaucoup plus d'étudiants. La Californie, État américain de 30 millions d'habitants, compte 3 millions d'étudiants, alors que la France n'en

LES ÉTUDES SUPÉRIEURES
DANS LES PAYS DE L'OCDE EN 2001

Pays	*Proportion d'adultes (25-64 ans) ayant accompli des études supérieures*	*Dépenses annuelles par étudiant (USD)*	*PIB par habitant (USD)*
Allemagne	13,4 %	10 504 $	25 456 $
Australie	20,0	12 688	26 685
Autriche	7,0	11 274	28 372
Belgique	12,8	11 589	27 096
Canada	21,0	-	29 290
Corée	18,5	6 618	15 916
Danemark	19,8	14 280	29 223
Espagne	17,3	7 455	21 347
États-Unis	29,0	22 234	35 179
Finlande	15,6	10 981	26 344
France	**12,4**	**8 837**	**26 818**
Grèce	12,7	4 280	17 020
Hongrie	14,2	7 122	13 043
Irlande	15,9	10 003	29 821
Islande	19,9	7 674	29 036

Les études supérieures dans les pays de l'OCDE en 2001

Italie	10,4	8 347	25 377
Japon	20,1	11 164	26 636
Luxembourg	11,6	-	49 229
Mexique	2,5	4 341	9 148
Norvège	28,4	13 189	36 587
Nouvelle-Zélande	14,8	-	21 230
Pays-Bas	21,9	12 974	28 711
Pologne	12,1	3 579	10 360
Portugal	7,1	5 199	17 912
Rép. slovaque	10,4	5 285	11 323
Rép. tchèque	11,9	5 555	14 861
Royaume-Uni	18,6	10 753	28 715
Suède	17,7	15 188	26 902
Suisse	16,2	20 230	30 036
Turquie	9,3	-	6 046
Moyenne	**15,5**	**10 052**	

Source : OCDE.

compte que 2,3 millions sur 63 millions d'habitants. En revanche, et sans que cela puisse consoler en quoi que ce soit, on constatera que la situation italienne n'est guère plus reluisante, alors que l'Espagne ne consacre pas plus d'argent à chaque étudiant, mais envoie 17,3 % de ses jeunes dans l'enseignement supérieur.

L'enseignement secondaire est plutôt riche en France et bénéficie de l'excellent taux d'encadrement moyen d'un professeur pour 11 élèves en 2004-2005. Il n'en est pas de même dans les universités (IUT compris) où le taux est de 30 étudiants par enseignant. C'est l'un des symptômes du déséquilibre inadmissible des financements des différentes branches de notre Éducation nationale.

Ces chiffres résument le paradoxe et le drame du système éducatif français. Il n'est pas un pays qui dépense nettement plus d'argent pour ses collégiens et pour ses lycéens que pour ses étudiants inscrits à l'Université. Premier constat qui n'est guère réjouissant : ce n'est pas pour autant que le niveau des bacheliers est très élevé, même si l'on entend ce discours dans beaucoup de pays et qu'un certain nombre de scientifiques de l'éducation sont persuadés du contraire. Second constat : la France possède tout de même une élite très comparable à celle des grandes puissances mondiales, du fait de ses grandes écoles. La majorité des décideurs de la

Dépense annuelle par élève ou étudiant français en 2004 (en euros)

Maternelle	4 400
Primaire	4 590
Collège	7 400
Lycée général et technologique	10 170
Lycée professionnel	10 490
STS	12 300
CPGE	13 760
IUT	9 160
Universités, hors IUT	6 700

Source : MEN.

vie politique ou économique en sont issus, ce qui explique leur méconnaissance des problèmes universitaires, quand ce n'est pas leur manque total d'intérêt pour ceux-ci. Ils s'accommodent fort bien du fait que le premier cycle universitaire est pour l'essentiel une voiture-balai destinée à masquer le chômage des jeunes, à retarder leur entrée dans la vie active sans leur fournir les moyens d'un véritable épanouissement professionnel. Et si l'on voulait vraiment qu'il ne soit pas cela, il faudrait y consacrer entre deux et dix fois plus d'argent. Compte tenu de la pression fiscale française et des besoins cruels de la santé, de la justice et de bien d'autres secteurs financés par l'État, celui-ci peut-il assumer une telle charge supplémentaire ?

Ainsi, la France cultive le paradoxe d'être un pays riche, doté d'une élite de qualité, mais qui permet à une proportion de jeunes nettement inférieure à la moyenne des pays de l'OCDE d'effectuer des études supérieures et, en outre, de consacrer à chacun d'eux une somme également bien inférieure à celle de presque toutes les puissances de son niveau.

La sélection dont une bonne partie des jeunes Français et même de leurs parents ne veut entendre parler à aucun prix n'a pourtant jamais été remise en cause en ce qui concerne les grandes écoles. Tout commence avec les bons lycées des grandes villes et de Paris en particulier, qui cumulent les réussites au bac avec mention Bien et Très Bien. N'entre pas qui veut à Louis-le-Grand ou à Henri-IV, les deux grands établissements de la montagne Sainte-Geneviève qui a vu défiler depuis la IIIe République la fine fleur de la jeunesse française. Le recrutement y est non seulement régional, mais national et, naturellement, rien n'est officiel, curieux paradoxe dans un pays si attaché au droit écrit et aux règlements gravés dans le marbre. A-t-on jamais entendu un homme politique, de quelque bord qu'il soit, s'insurger contre ce fait ? Mieux même, nombreux sont ceux qui ont recours à de bons établissements privés afin de permettre à leurs enfants d'obtenir le bac avec mention et leur donner des chances d'intégrer l'une des prestigieuses classes préparatoires d'un lycée d'excellence.

Depuis la dernière guerre, chaque camp, droite et gauche, a exercé le pouvoir pendant de longues années, mais aucun n'a réellement critiqué et encore moins envisagé de remettre en cause l'existence des grandes écoles ou même leur statut d'exception par rapport aux universités. Les classes préparatoires à ces grandes écoles (CPGE) sont implantées dans les grands lycées et disposent d'un encadrement professoral particulièrement abondant, trié sur le volet par l'Inspection générale qui veille soigneusement au grain, et bien rémunéré du fait des « colles », c'est-à-dire des séances d'entraînement aux oraux des concours, payées en heures supplémentaires. Ces professeurs sont tous agrégés et ont fait leurs preuves dans de bons lycées. Comme les programmes des concours changent tous les ans, ils sont capables d'assimiler une abondante littérature pendant l'été, afin de donner à partir de septembre les meilleurs cours possibles à leurs élèves. Sans vouloir diminuer en rien leur mérite et l'intensité du travail qu'ils doivent fournir pour obtenir de bons résultats, force est de constater que ces professeurs ne disposent pas du tout de temps pour effectuer des recherches scientifiques personnelles.

Du coup, leurs élèves n'ont de contact qu'avec des manuels rédigés à leur intention. Leur talent, comme celui de leurs maîtres, est tourné vers la rapidité de l'assimilation des connaissances, la pertinence et la clarté de leur restitution dans le cadre de dissertations ou d'oraux préparés en temps limité, l'art de faire des plans, une expression écrite et orale soignée. On ne saurait nier que beaucoup d'entre eux ont énormément lu, qu'ils jouissent souvent d'une bonne culture scientifique et littéraire, parfois même artistique, quelle que soit l'issue des concours qu'ils préparent, et qu'ils ont acquis une grosse capacité de travail méthodique. Mais la masse de connaissances à digérer pendant les deux ou trois années de classes préparatoires est telle que ces jeunes gens courageux manquent parfois un peu de créativité, handicap qui n'est nullement définitif, bien entendu. Un certain nombre perdent même toute envie de continuer à donner le meilleur d'eux-mêmes, une fois l'agrégation acquise, la thèse en poche et un poste de maître de conférences obtenu. On le comprend, mais quelle pitié !

Qu'on ne juge pas ces propos comme une remise en cause de l'existence des classes préparatoires et des grandes écoles. Ce serait suicidaire pour notre pays. Il faudrait simplement reconnaître que les universités dont les enseignants sont tous, par statut, également des chercheurs pourraient énormément apporter à la formation des futurs cadres supérieurs. La recherche scientifique rigoureuse apporte à un professeur le culte de l'innovation, du résultat durement établi, mais aussi du questionnement fécond, du problème non résolu. L'étudiant, y compris débutant, qui saisit la portée de cette démarche apprend à rassembler toutes ses potentialités intellectuelles et à se projeter dans l'avenir avec ardeur et modestie, à la fois. C'est donc un immense gâchis que d'avoir séparé à ce point les CPGE et les universités et de permettre seulement à ces dernières de récupérer les « collés » aux concours, nouvelle manière de les considérer comme des voitures-balais, même si elles sont enchantées d'accueillir en troisième année de licence de nouveaux étudiants de qualité.

Ceux qui réussissent les concours d'entrée aux grandes écoles pénètrent ensuite dans un univers d'excellence. Les locaux sont vastes et de qualité, souvent noyés dans la verdure, les bibliothèques bien garnies, l'encadrement professoral et le tutorat de bonne qualité. De nombreux professionnels, souvent anciens de l'école, viennent donner des cours ou des conférences ponctuelles. Le travail exigé des étudiants est bien moindre que celui qu'ils ont fourni dans les prépas dont ils sortent.

Les enseignements sont surtout techniques et professionnalisants ; les humanités ne sont enseignées que sous la forme de conférences le plus souvent facultatives. C'est l'une des principales lacunes des programmes de ces établissements. Heureusement, un certain nombre d'élèves n'ont pas besoin de cours pour lire tous azimuts et acquérir une vraie culture.

À la sortie, après un ou plusieurs bons stages, les débouchés sont assurés : ils correspondent assez précisément aux compétences acquises. Le diplôme est secondaire ou inexistant. On se contente sur sa carte de visite de la mention « Ancien élève de... ». Pour ce qui est des écoles dépendant des ministères, la situation est variable. Les plus gâtés des élèves sont fonctionnaires-stagiaires et donc rémunérés, comme les normaliens qui sont censés rembourser leur scolarité et leur traitement, s'ils choisissent de pantoufler dans une entreprise. Personne, en dehors des intéressés, ne comprend très bien pourquoi ce privilège est aujourd'hui maintenu. Lorsqu'on saura que les élèves des ENS ont manifesté brièvement leur solidarité avec les anti-CPE, par une esquisse de grève et de blocage, on sourira, pour ne pas perdre son calme... Le coût annuel de la scolarité d'un normalien, qui perçoit environ 1 300 euros par mois, tourne autour de 30 000 à 50 000 euros, somme prise intégralement en charge par le contribuable, soit dix à quinze fois le coût d'un étudiant de Paris-Sorbonne. Sont également rémunérés les élèves de l'École nationale des chartes (1 100 euros), de l'École nationale d'administration (1 400 à 2 100 euros), de Polytechnique (500 euros). Cela dit, compte tenu des effectifs, ce n'est pas la suppression de ce privilège d'un autre âge qui rendrait prospère l'ensemble de l'enseignement supérieur français.

La majorité des élèves des grandes écoles d'État ne paie aucun droit, mais n'est pas rémunérée. Dans les établissements privés, qui ne sont pas les moins sélectifs, les droits sont élevés comme à HEC (8 000 euros), ESSEC, ESCP, etc. Personne ne s'en offusque, d'autant qu'il existe des systèmes de paiements proportionnels aux revenus des familles (à Sciences-Po, par exemple), des bourses ou des prêts d'honneur facilités. Ces derniers se comprennent fort bien, puisque l'insertion professionnelle est quasi automatique et que le remboursement est aisé. Il est parfois même pris en charge par l'entreprise du premier emploi, comme cela se passe fréquemment aux États-Unis ou au Japon. Il est clair que le paiement de droits n'est pas en lui-même un obstacle à la démocratisation de ces écoles, car lorsqu'un étudiant de condition modeste réussit au concours, des solutions financières lui sont proposées. Mais comme dans tous les pays, hélas, les enfants de familles aisées et cultivées parviennent plus facilement à réussir des études longues et sélectives. C'est la raison pour laquelle on ne peut qu'approuver la politique de discrimination positive mise en place par Sciences-Po grâce à un accord avec un certain nombre de lycées de banlieue. Cette entorse aux règles strictes de la République est un moyen d'accélérer un ascenseur social très ralenti, à une égalité des chances réellement difficile à instituer. Le procédé est tiré par les cheveux, mais l'innovation passe souvent en France, hélas, par ces petits arrangements avec le ciel.

Dernière anomalie concernant les « grandes » écoles. La plupart d'entre elles ne délivraient jusqu'à une date récente aucun grade, aucun diplôme. C'est l'Université qui en détenait le monopole. Depuis longtemps déjà, l'EPHE et l'EHESS font exception et délivrent des DEA (aujourd'hui masters) et des doctorats. Actuellement, ce sont les écoles normales supérieures, les écoles d'ingénieurs et les écoles de commerce qui prétendent le faire. Cela veut dire qu'à terme les normaliens, les centraliens, les élèves d'HEC pourront rester au sein du confortable cocon qu'est leur établissement pour obtenir des diplômes cotés sur le marché et enrichir leur carte de visite. Les universités n'auront que leurs yeux pour pleurer. Le fossé séparant les universités des établissements sélectifs et riches aura encore été agrandi.

PROFESSIONS EXERCÉES PAR LES JEUNES FRANÇAIS
CINQ ANS APRÈS LA FIN DE LEURS ÉTUDES (EN %)

Formation suivie (liste partielle)	Cadres, professions libérales, enseignants	Professions intermédiaires, artisans, commerçants	Employés, ouvriers	Chômeurs
Grandes écoles	70	15	7	8
Licence	33	35	19	13
BTS	6	45	38	11
Baccalauréat	3	22	54	21
CAP-BEP	0	8	66	26
Brevet ou aucun diplôme	1	8	47	44

Source : MEN, cité par Marie Duru-Bellat[1].

Autre filière sélective : celle des sections préparant au Brevet de technicien supérieur (BTS). Comme les CPGE, cet enseignement supérieur est

---

1. Marie Duru-Bellat, *L'Inflation scolaire. Les désillusions de la méritocratie*, Paris, Seuil, 2006, p. 107.

rattaché aux lycées ; il est normalement réservé aux bons bacheliers technologiques. Ces formations professionnalisantes de deux années, parfois prolongées d'une troisième année, ont du succès et sont sélectives, tout au moins pour les sections préparant aux métiers des services. Elles en ont moins du côté de l'industrie et de l'artisanat. En témoigne cet unique candidat pour quinze places ouvertes en charpenterie au lycée technique de Mâcon, alors que mille étudiants se pressent en psychologie à l'université de Dijon[1]. Les employeurs sont très attentifs à ces formations, participent à l'enseignement et accueillent volontiers les élèves en alternance. Les débouchés sont quasi assurés.

De même en est-il des Instituts universitaires de technologie (IUT) qui, eux, sont rattachés aux universités, mais bénéficient d'un statut particulier qui leur permet de choisir leurs étudiants, en fonction de leurs résultats au baccalauréat et de leur motivation. De bons débouchés existent dans de nombreuses spécialités, mais à la condition que les étudiants soient motivés et effectuent des stages. Beaucoup d'entre eux prolongent cette formation en deux années par une licence professionnelle en alternance.

---

1. Intervention de Gérard Mottet au CES de Bourgogne le 21 mars 2006.

Reste l'immense majorité des étudiants qui, ne pouvant accéder à ces filières, s'inscrit à l'université, soit 1 200 000 jeunes bacheliers. Sur cet effectif, quelques milliers sont inscrits dans les trois excellentes universités de technologie (Compiègne, Troyes, Belfort) directement liées aux entreprises régionales ; 140 000 sont en médecine (24 000 entrants), 30 000 en pharmacie (5 000 entrants), disciplines très sélectives, autorisées à pratiquer le *numerus clausus*, qui offrent évidemment des débouchés. L'université Paris IX-Dauphine est devenue un grand établissement et pratique désormais légalement le *numerus clausus*, limité à 9 000 étudiants qui trouvent en général facilement un emploi. Les autres se répartissent dans les disciplines générales qui constituent le cœur du problème de l'enseignement supérieur.

Tout bachelier est autorisé à s'inscrire dans la discipline de son choix et, en cas d'excès de la demande par rapport à l'offre approximative, les rectorats sont chargés de trouver une affectation aux candidats n'ayant pu s'inscrire. Le problème ne se pose guère en sciences, car les effectifs sont en nette diminution depuis des années et les universités accueillent tous ceux qui le veulent. Cela ne suffit même pas à occuper à temps pédagogique plein les enseignants des universités concernées. En droit, la coutume est de pratiquer une

Effectifs d'étudiants inscrits à l'université dans les disciplines générales en 2004-2005

Disciplines	Effectifs	Proportion	Entrants
Droit, Sciences-Po	175 000	15 %	30 000
Économie, gestion, AES	180 000	16 %	28 000
Humanités	480 000	42 %	95 000
Sciences	260 000	23 %	40 000
STAPS[1]	45 000	4 %	11 000
Total	**1 140 000**	**100**	**204 000**

Source : MEN.

sélection draconienne par l'échec, la seule autorisée par les textes, au cours des deux premières années : 50 % des étudiants sont éliminés la première année et encore 50 % la deuxième. Les enseignants sont tristes d'y être contraints, mais le font sans états d'âme pour, disent-ils, donner à la France de bons magistrats et de bons avocats ! En moyenne, toutes disciplines confondues, 47 % des étudiants qui s'inscrivent dans une université

---

1. Sciences et techniques des activités physiques et sportives.

passent au bout d'un an en deuxième année ; 30 % redoublent. Les autres se réorientent ou abandonnent ; on ne sait pas trop ce qu'ils deviennent.

Les humanités accueillent un demi-million d'étudiants. Ici, pas d'orientation à l'entrée, encore moins de sélection. C'est le lot de consolation des bacheliers littéraires n'ayant pu entrer en classe préparatoire et même d'un certain nombre de bacheliers technologiques, voire professionnels, n'ayant pu ou voulu entrer en STS ou IUT. Et que dire de ces 45 000 étudiants en STAPS (sport) dont 14 000 obtiennent un diplôme tous les ans... alors que 415 postes de professeurs d'éducation physique et sportive sont ouverts aux concours chaque année ? Même Claude Allègre recommande d'instaurer un *numerus clausus* dans cette filière, mais le refuse de manière contradictoire pour les autres, préférant la persuasion à la sélection[1]. C'est politiquement correct et acceptable, en l'état actuel de l'opinion, mais c'est d'une belle hypocrisie et, malgré les apparences, profondément antidémocratique, puisque ce sont les enfants issus de milieux modestes et mal informés qui échouent le plus dans les filières généralistes. C'est aussi pour cela que l'enseignement supérieur français est totalement incapable de redistribuer les cartes de

---

[1]. A.J., « Allègre : L'université pratique le libéralisme sauvage », *Le Figaro*, 3 avril 2006, supplément Économie, p. 9.

la hiérarchie des fonctions et des revenus. Sauf exception dont il n'est généralement pas responsable[1], il est une remarquable machine à reproduire ce qu'il est convenu d'appeler les « inégalités sociales ».

Il existe bien des conseillers d'orientation dans les lycées et les universités, mais aucun étudiant n'est tenu de suivre les conseils qui lui sont donnés. Danielle Pourtier, présidente de l'Association des conseillers d'orientation psychologues, l'exprime avec regret : « On a beau prévenir un jeune qu'un secteur est bouché, s'il veut vraiment y aller, il ferme souvent ses oreilles, peut-être encouragé en cela par le sentiment diffus que, de toute façon, son avenir est bouché[2]. » Ce sont majoritairement les étudiants des deux premières années des filières générales qui ont manifesté leur opposition au CPE. Ils savent confusément que la formation qu'ils reçoivent et le diplôme qui leur sera délivré sans que le travail demandé les épuise ne leur permettra pas d'obtenir l'emploi de cadre dont ils rêvent. Beaucoup de jeunes filles s'inscrivant en première année de droit caressent le projet de devenir juges pour enfants. On imagine la déception de celles qui obtiennent des notes catastrophiques aux premiers examens partiels.

---

1. L'auteur de ces lignes en sait quelque chose.
2. Anne-Sophie Cathala et Anne Jouan, « Attention, diplômes sans issue », *Le Figaro*, 3 avril 2006, supplément Économie, p. 6.

Dans les humanités (lettres, sciences humaines et sociales, selon l'obscur vocabulaire consacré), ce triste moment de vérité est atténué ou retardé, car les universités ont à cœur d'afficher un taux d'échec limité. Elles sont invitées par leur tutelle ministérielle à le diminuer, car c'est le signe qu'elles ne s'occupent pas bien de leurs étudiants. La Direction de l'évaluation et de la prospective vient d'établir un palmarès des universités en fonction de la probabilité de réussite à la licence en un an[1]. La « meilleure » université serait Strasbourg III qui parvient à un taux de 85,7 % et la dernière Paris-Sorbonne avec un taux de 58, 5 %. Honte sur elle ! Les universités mettent en place davantage de tuteurs, ce qui est incontestablement une bonne chose, mais ne résout pas les cas les plus critiques d'étudiants très mal orientés dès le départ. Ce n'est pas mépriser un étudiant titulaire d'un bac professionnel de boulangerie que de lui dire qu'il a toutes les chances d'échouer en première année de philosophie, c'est au contraire lui rendre un immense

---

1. Justine Ducharne, « Les meilleures facs pour réussir sa licence, » *Le Figaro*, 9 mars 2005, p. 15. Claudine Peretti, alors directrice de la DEP, commente sans ambiguïté cette enquête : « On ne peut que souhaiter que les universités se saisissent de ces éléments essentiels d'information sur l'efficacité des actions pédagogiques qu'elles inscrivent dans leur politique en faveur de la réussite des étudiants et que l'État sache les soutenir dans le cadre de la contractualisation. Vive la fuite en avant ! »

service que de lui interdire cette folie. À moins qu'il ne le fasse pour obtenir une carte d'étudiant et les avantages associés, parmi lesquels la Sécurité sociale et le restaurant universitaire, mais on reconnaîtra dans ce cas que la quasi-gratuité de l'université révèle ici toute sa perversité.

Le comble est atteint avec les faux étudiants qui s'inscrivent dans une discipline quelconque, de manière à pouvoir obtenir du bureau des stages la signature d'une convention. Beaucoup d'entreprises n'acceptent les stagiaires que s'ils sont étudiants, ce qui leur évite de payer les charges sociales. C'est ainsi que certaines universités affichent pour cette raison des effectifs pléthoriques en ukrainien ou en biélorusse. Les étudiants ne suivent aucun cours et la préparation de la convention de stage leur revient plus cher que les 150 euros de droits d'inscription ! Ainsi va l'université française à qui toute sélection est interdite.

Pour tasser un peu le taux de sélection, beaucoup d'universitaires, par ailleurs chercheurs rigoureux et pointus, entrent dans l'engrenage de la notation laxiste qui permet aux étudiants moyens d'obtenir les crédits nécessaires pour avancer dans leur scolarité. L'ensemble s'inscrit dans un système complexe de contrôle continu, de compensation entre disciplines, de « points de jury » accordés au moment des calculs de fin de semestre, de sessions de rattrapage qui diminuent sensiblement le taux d'échec en première année qui, sans eux, ne serait pas de 53 mais de 70 %. Un cours d'amphithéâtre en première année demande plus de doigté pour faire régner la discipline que de sens pédagogique tendu vers l'assimilation des connaissances et des idées nouvelles. Il est inimaginable d'obtenir le calme plus de quelques minutes consécutives. Les examens exigent des trésors d'imagination afin d'éviter les tricheries. Mais le plus éprouvant est la correction de copies dont une faible proportion mérite réellement la moyenne. Les autres sont truffées de fautes d'orthographe et de syntaxe, d'erreurs, de naïvetés affligeantes, d'incohérences, de contresens. Tous les jeunes universitaires qui ont travaillé d'arrache-pied pour obtenir un poste de maître de conférences et qui sont confrontés à cette expérience tombent de haut et se demandent ce qu'ils font là, et accessoirement comment leurs étudiants ont pu décrocher le bac. Leur sentiment est tout à fait comparable à celui qu'éprouvent les jeunes agrégés qui prennent leur premier poste dans un collège ou un lycée de banlieue.

La sociologue Marie Duru-Bellat, auteur du bel essai récent intitulé *L'Inflation scolaire*[1], dresse un constat affligeant de cette dévaluation des diplômes, à l'occasion d'une évaluation de ses cours: « J'avais demandé aux étudiants, comme je le fais régulière-

---

1. Marie Duru-Bellat, *L'Inflation scolaire, op. cit.*

ment, de me dire par écrit ce qu'ils attendaient de cet enseignement. Un étudiant m'a répondu : "Cette question est une provocation. Votre cours, je m'en fiche. Ce que je cherche, c'est un diplôme pour obtenir un boulot." Je ne dirai pas que cette réponse m'a surprise mais elle a produit un choc. Par ailleurs, je constate l'évolution de la demande des étudiants qui visent à obtenir des règles de plus en plus favorables pour décrocher ce fameux diplôme. Je pense bien sûr à la compensation des notes. La triche est également un autre phénomène observable dans les amphis. L'obtention du diplôme est devenue le moteur unique de la motivation... Il est permis de se demander si cette politique du tout-diplôme ne renforce pas les inégalités qu'elle prétend combattre, si elle ne rend pas encore plus difficile l'insertion professionnelle des jeunes[1]. »

C'est en fonction du même principe que l'on a vu ces trois dernières années de nombreux jeunes chercheurs, en cours de doctorat ou déjà diplômés, manifester en blouse blanche dans les rues à l'appel du « collectif *Sauvons la recherche* » afin de réclamer des postes de chercheurs dans les grands organismes publics. Nous préparons une thèse ou nous sommes docteurs, donc nous avons droit à un emploi public et

---

1. Marie Duru-Bellat, « Diplômes : stop ou encore ? », *Le Monde de l'Éducation*, avril 2006, pp. 22-24.

si nous ne l'obtenons pas, c'est que l'État n'aime pas la recherche : tel est le discours qui a été martelé pendant des mois et qui a été relayé par les syndicats de chercheurs, de nombreux présidents d'université et une certaine presse toujours à l'écoute de la veuve et de l'orphelin. Pourquoi ne s'est-on pas posé la question de savoir si ces recherches étaient utiles à la société, si elles pouvaient intéresser tel ou tel secteur de l'économie et ainsi recevoir une application créatrice de richesse et d'emploi ?

Il faut aussi évoquer les conditions de travail dans les universités. Prenons l'exemple de Paris-Sorbonne[1], université vouée aux humanités, jouissant dans son domaine d'une solide réputation en France et dans le monde : 26 000 étudiants, dont 2 400 thésards, et 260 doctorats soutenus chaque année, 950 enseignants-chercheurs, 500 administratifs. Cet ensemble dispersé en quatorze sites différents dispose en tout de 60 000 m^2 dont l'essentiel est à rénover en profondeur[2], soit

---

1. Comité national d'évaluation, *L'Université Paris-Sorbonne Paris IV. Rapport d'évaluation*, Paris, CNE, mars 2006.
2. Judith Lazar, professeur de sociologie à l'université René-Descartes (Paris V), ne décolère pas : « La quasi-gratuité des études justifie-t-elle la vétusté des locaux ? Nos bâtiments sont probablement les plus crasseux et les plus délabrés de tous les pays développés, comparables à ceux du tiers-monde. » Propos rapportés par Justine Ducharne, « Les facs françaises ressemblent trop souvent à des taudis », *Le Figaro*, 14 avril 2006.

2,6 m²/étudiant[1], contre 9,7 m² en moyenne dans l'ensemble des universités françaises, 7,9 m² en Île-de-France, 4,7 m² dans les universités littéraires. À Poitiers, l'université multidisciplinaire dispose de 300 000 m² pour 25 000 étudiants, soit cinq fois plus d'espace. À Paris-Sorbonne, rares sont les enseignants qui disposent d'un bureau personnel ou d'un espace dans un bureau collectif dans lequel ils peuvent effectuer leurs recherches, préparer leurs cours, recevoir leurs étudiants, participer aux tâches collectives, bref exercer leur métier. Les autres travaillent à leur domicile, viennent à l'université donner leurs cours, puis repartent chez eux, recevant leurs étudiants dans un couloir, un coin de bibliothèque ou au café. Il faut dire que cette université ne coûte pas cher. Son budget de 2006 est de 32 millions d'euros, dont 8 millions de ressources propres (droits, formation continue, etc.), auxquels s'ajoutent 54 millions de salaires payés par l'État, soit un total consolidé de 86 millions d'euros. Un étudiant de l'une des plus anciennes et prestigieuses universités du monde revient donc annuellement à 3 300 euros, soit la moitié d'un étudiant moyen français, moins qu'un enfant de maternelle, trois fois moins qu'un

---

1. À titre de comparaison, la réglementation impose qu'un poulet de Bresse jouisse de 10 m² de parcours pour bénéficier de l'appellation d'origine contrôlée.

lycéen, moins qu'un étudiant mexicain. On ose à peine comparer avec le coût de la formation annuelle d'un étudiant d'une grande université américaine.

Prenons Princeton[1] qui, il est vrai, est l'une des meilleures du pays et du monde, septième au classement de Shanghai. En 2004-2005, elle accueillait 6 677 étudiants (4 678 *undergraduates*, 1 999 *graduates*). Elle dispose d'un capital de 10,8 milliards de dollars, soit 9,6 milliards d'euros. Les universités françaises sont incapables d'atteindre ce chiffre puisqu'elles ne sont généralement pas propriétaires de leurs terrains et de leurs bâtiments qui appartiennent à l'État ou aux collectivités territoriales. Le budget 2004-2005 était de 730 millions d'euros, soit 8,5 fois le budget de Paris-Sorbonne. Chaque étudiant coûte donc 110 000 euros par an, soit 33 fois plus qu'un étudiant de la Sorbonne, somme qui provient pour un tiers de sa propre contribution : 25 000 euros de droits, 3 700 euros de loyer, 3 300 euros de pension, auxquels s'ajoutent divers menus frais. Le taux d'encadrement est d'un enseignant pour dix étudiants, soit trois fois meilleur qu'à Paris-Sorbonne. Le campus de l'université s'étend sur plus de 200 hectares (Paris *intra-muros* en compte 5 000) sur lesquels s'élèvent 160 bâtiments totalisant 736 000 m^2, soit 110 m^2 par étudiant. Les bibliothèques conservent

---

1. www.princeton.edu

6,2 millions de livres[1], autant de microfilms et 11 000 mètres linéaires de manuscrits et documents anciens et rares. Les autres universités américaines de rang international disposent de moyens analogues.

La comparaison avec la France est accablante, mais ce n'est pas pour autant qu'il faut la dissimuler. Il n'est pas difficile de comprendre que le classement mondial des universités établi par l'université Jiao Tong de Shanghai[2] place Princeton au huitième rang et que la première université française, Pierre-et-Marie-Curie (Paris VI), n'arrive qu'au quarante-sixième rang. La France compte vingt et une universités parmi les cinq cents premières ; trente-sept des cinquante premières sont américaines. Il est vrai que les critères retenus sont, entre autres, les prix Nobel, les médailles Fields, les publications des chercheurs dans *Nature* et *Science*, lesquels ne concernent que les universités scientifiques et médicales. Un classement par secteur disciplinaire permettrait à un certain nombre d'universités françaises d'être bien classées, si l'on prenait par exemple en compte les thèses soutenues, en particulier par des étrangers, les publications dans des revues à comité de lecture, les ensei-

---

1. L'ensemble des universités de Lyon en possède moins d'un million.

2. Classement mondial des universités, *Vie universitaire*, septembre 2005, pp. 14-20.

gnements à l'étranger des professeurs et leur participation aux congrès internationaux.

Cette hypothèse plausible ne concerne, bien entendu, que certaines universités implantées dans de grandes villes. On ne saurait en dire autant des quatre-vingt-cinq universités qui parsèment le territoire français, réparties grâce à leurs antennes sur cent cinquante villes, contre une trentaine en 1962. Cette dispersion voulue par l'État et par les collectivités territoriales a tué la mobilité des étudiants, ou plutôt a créé des universités de proximité pour les jeunes issus de milieux modestes, les autres trouvant toujours les moyens d'aller étudier dans une grande ville ou à Paris[1]. C'est comme cela que l'on assassine encore un peu plus la méritocratie, avec bien entendu les meilleures intentions du monde. Beaucoup de petites universités créées ces dernières décennies n'attirent pas plus les meilleurs étudiants que les meilleurs enseignants-chercheurs. Elles font soutenir très peu de

---

1. Jean-Robert Pitte, « La carte universitaire et les villes », dans Denise Pumain et Francis Godard, *Données urbaines*, Paris, Anthropos, 1996, pp. 257-263. Le « Plan Université 2000 », imaginé par Lionel Jospin et Claude Allègre et mis en œuvre entre 1990 et 1995, porte à cet égard de lourdes responsabilités, tout autant d'ailleurs que les élus de droite et de gauche enhardis par une décentralisation mal orientée ou, plutôt, mégalomaniaque.

thèses et celles-ci sont rarement de niveau international. Le dire, c'est enfreindre un grand tabou, mais tout le monde l'admet secrètement. Alors pourquoi ne pas en tirer les conséquences et adapter la politique universitaire à la réalité ?

Certains présidents et directeurs du ministère de l'Éducation nationale pensent que la France s'en sortirait beaucoup mieux si ses universités étaient regroupées. En apparence, oui, pour ce qui est des critères retenus par le classement. Gilbert Béréziat, ancien président de l'université Pierre-et-Marie-Curie (Paris VI), chaud partisan des fusions au sein des villes pluri-universitaires, est à l'origine de l'Alliance Paris Universitas. Cette association fédère son université, Paris 3, Paris-Dauphine, l'ENS, l'EHESS et, espère-t-il, Paris II, ce qui en ferait alors un ensemble couvrant toutes les disciplines. Gilbert Béréziat affirme que, selon l'un des critères du classement de Shanghai, le nombre des articles publiés, le groupement se situe au premier rang européen et au douzième rang mondial.

Le problème est que la fusion n'est pas pour demain et que les économies d'échelle ne seraient réalisables que si l'autonomie des universités était réelle en France et si les moyens financiers étaient à la hauteur des standards internationaux. Imagine-t-on ce que représenterait la gestion d'établissements pauvres de 50 000 ou 100 000 étudiants répartis en des dizaines de sites vétustes ? C'est un peu comme si l'on pensait que le Sahel se développerait plus vite si l'on fusionnait le Tchad avec le Niger, le Mali et la Mauritanie. Harvard est n° 1 du classement de Shanghai avec 20 000 étudiants triés mondialement sur le volet, tout comme leurs professeurs, concentrés sur un site de rêve et disposant de financements colossaux. Il n'existe aucun équivalent en France ; en Angleterre, oui, avec Cambridge (20 000 étudiants) et Oxford (18 000 étudiants), respectivement n° 2 et n° 10 mondiaux. Le retard à rattraper est gigantesque.

Pourtant les universités françaises, malgré leur dénuement extrême, recèlent de vraies richesses qui ne demandent qu'à être mieux exploitées. C'est sur celles-ci qu'il faut s'appuyer en vue de la réforme radicale qui s'impose. La principale a trait à la recherche. Le corps enseignant est d'abord recruté sur ses capacités à la recherche. Dans les grandes universités, plusieurs dizaines de candidats et jusqu'à une centaine se présentent aux concours de recrutement des maîtres de conférences. Les élus, généralement âgés de moins de trente ans, disposent de dossiers impressionnants : passage par une ENS, agrégation dans un bon rang dans certaines disciplines, thèse de grande qualité unanimement saluée par un jury incontestable, publications, expérience d'enseignement supérieur par une période d'assistanat ou de monitorat, maîtrise de langues étrangères, etc.

Le problème est le recrutement à vie de ces jeunes enseignants-chercheurs. S'ils intègrent une équipe pédagogique et de recherche dynamique, animée par des maîtres performants et bons gestionnaires des personnels qu'ils dirigent, pas de problème. Malheureusement, ce n'est pas toujours le cas, surtout dans les disciplines relevant des humanités, du droit et de l'économie, dans lesquelles la recherche et les laboratoires n'impliquent pas une présence permanente. Celle-ci serait d'ailleurs bien difficile en l'absence de locaux de taille suffisante. Il est poignant de constater l'enfermement de jeunes collègues dans un individualisme qui, sauf exception parfois éblouissante, ne permet même pas l'émergence d'idées nouvelles et de grands aboutissements[1]. N'est pas chercheur ou écrivain ermite qui veut. Dans ces disciplines, les directeurs d'unités de formation et de recherche (UFR) ou de laboratoires n'acceptent souvent d'exercer ces fonctions qu'en cédant à l'affectueuse pression de leurs collègues,

---

1. On lira avec tristesse le récit très vivant de Thierry Foucart, *Scènes ordinaires de la vie universitaire, ou Comment la France perd ses facultés*, Paris, Fabert, 2004.

tant la bureaucratie qu'elles impliquent est pesante et la reconnaissance que l'on en reçoit minuscule, voire nulle. Il faut bien que quelqu'un s'y colle...

Il n'empêche : beaucoup d'universitaires français font de la recherche et même de la bonne, voire de la très bonne recherche, ils forment à la recherche, dirigent les doctorants, parfois beaucoup de doctorants et même trop pour les plus réputés d'entre eux. Cette dernière fonction, essentielle pour notre pays, est rarement assumée par les directeurs de recherche des « grands » organismes exclusivement voués à l'activité de recherche : CNRS, INSERM, INRA, IRD (ex-ORSTOM), etc.

Malheureusement, il faut bien, ici encore, diagnostiquer un nouvel handicap français : ces institutions drainent une partie non négligeable des crédits de la recherche publique pour des résultats qui seraient peu significatifs sans l'association avec les forces vives de l'université, enseignants-chercheurs et doctorants. C'est encore un tabou de notre pays que d'en parler, mais on ne résoudra pas le problème de la modernisation de notre enseignement supérieur sans faire disparaître ce hiatus au sein de la recherche. On ne dira jamais assez que les grandes recherches sont inséparables soit d'une commande exigeante, publique ou privée, comme c'est le cas dans les domaines du nucléaire, de l'armement, de l'aéronautique, de l'informatique, des applications industrielles, etc., soit de l'enseignement et de la formation à la recherche qui dans un certain nombre de disciplines est le meilleur stimulant possible. Il n'est plus admissible de recruter des chercheurs en sciences humaines autour de trente ans en espérant qu'ils demeureront efficaces et productifs pendant trente-cinq ans, sans avoir vécu la moindre mobilité, ni une réelle évaluation ! Cela arrive et il faut saluer les grandes pointures que constituent certains directeurs de recherche qui, en général, aiment enseigner et y consacrent sans obligation une partie non négligeable de leur temps. Mais les autres... Ce sont encore des moyens qui échappent aux universités, vouées à encadrer tant bien que mal les étudiants de premier cycle en essayant de faire émerger les talents et d'accomplir avec eux ce pourquoi leurs enseignants sont formés : la préparation au master et au doctorat. On notera que la plupart des derniers prix Nobel scientifiques français sont d'abord des professeurs d'université, souvent passés ensuite au Collège de France : Jean Dausset (médecine, 1980), Jean-Marie Lehn (chimie, 1987), Maurice Allais (économie, 1988), Pierre-Gilles de Gennes (physique, 1991), Claude Cohen-Tannoudji (physique, 1997)...

On n'oubliera pas que le CNRS a été fondé en 1939 sous l'impulsion de Jean Perrin, ancien sous-secrétaire d'État du gouvernement Blum, et dirigé de 1944 à 1946 par le physicien communiste Frédéric Joliot-Curie. Le modèle n'est, hélas, autre que l'Académie des sciences de l'URSS, c'est-à-dire d'une recherche strictement contrôlée par l'État et très orientée idéologiquement[1], s'appuyant sur des chercheurs exclusifs et permanents, ne bénéficiant d'aucune autre stimulation que celle du Comité national où ils s'autoévaluent.

Outre l'animation réelle de la recherche publique française, les universités possèdent d'autres talents

---

1. Interrogée en 1986 dans le cadre d'une enquête sur l'histoire du CNRS, Gabrielle Mineur, ancienne secrétaire générale, proche de Joliot-Curie, répond à des questions d'Aslanoff et Picard (http://picardp1.ivry.cnrs.fr/Mineur.html).
« Q : On a l'impression que dans le CNRS de la Libération, c'était un atout d'être de gauche.
R : Oui et ça l'est resté un bon moment.
Q : Selon vous, y avait-il là matière à interférences avec les activités du CNRS ?
R : Sûrement. Je dirais même qu'il y en avait automatiquement. On ne confiait aucun poste important à des gens très marqués à droite. Aucun doute, un certain ostracisme a prévalu durant cette période. »
Au risque de déplaire souverainement, il faut admettre que rien n'a changé en la matière. C'est un signe de l'extraordinaire conservatisme français dans le monde de l'enseignement supérieur et de la recherche, qui pense encore massivement que l'intelligence et la science ont une couleur politique.

dans le domaine de la formation professionnelle. Tout d'abord – et ce n'est pas rien –, elles préparent seules aux concours de recrutement des professeurs des collèges et des lycées, CAPES et agrégations. Certes, il est toujours possible de critiquer ces concours, leurs préparations et leurs lauréats, d'autant que les jurys sont constitués et présidés majoritairement par des universitaires, accompagnés de quelques inspecteurs généraux et professeurs de classes préparatoires. La sélection n'est quand même pas trop mauvaise, même si les forts en thème et les esprits à la mode s'en sortent mieux que les autres, comme dans tous les concours, celui de l'ENA inclus[1]. Il faudrait simplement inclure dans les jurys une bonne dose de représentants du monde réel, cadres de grandes entreprises ou de PME, par exemple. Il faudrait imaginer des rémunérations décentes, mais les retombées se constateraient très vite.

Les universités généralistes ont également réussi à créer des formations diplômantes menant à des insertions professionnelles rapides et rémunérées au juste niveau. Ce sont les licences et les masters professionnels, mais aussi tous les diplômes rele-

---

1. Voir le superbe chapitre que Philippe Meyer consacre au concours de l'ENA dans son ouvrage, *Dans mon pays lui-même*, Paris, Flammarion, 1994.

vant des langues étrangères appliquées et des écoles internes aux universités : d'ingénieurs, d'affaires, de communication, etc. Elles concernent, hélas, une minorité d'étudiants sélectionnés, coûtent cher au maigre budget des établissements, car leur encadrement est renforcé et elles font appel à de nombreux professionnels, mais l'effort est payant. Elles démontrent que le chômage ou le déclassement ne sont pas les issues fatales des études universitaires[1]. Avec les doctorats, elles sont la fierté des établissements qui ont quand même du mal à les multiplier, car une grande partie de leurs enseignants n'ont pas été recrutés pour cela et sont totalement inefficaces lorsqu'ils doivent s'y investir. C'est l'un des champs possibles et nécessaires

---

1. Les enquêtes menées en 2005 par l'Observatoire de l'insertion professionnelle de Paris-Sorbonne, sous la responsabilité d'Élise Verley, démontrent que trois ans après l'obtention d'une maîtrise (master 1, désormais) d'histoire de l'art, 57 % des anciens étudiants occupent un emploi, sur lesquels 60 % estiment qu'ils utilisent les compétences acquises au cours de leur formation. Leur salaire net mensuel est de 1 302 euros par mois. En anglais, les statistiques sont respectivement de 65 %, 57 % et 1 300 euros. En histoire, ce sont 55 %, 62 % et 1 400 euros. Ces enquêtes se poursuivent dans les autres disciplines et sont destinées à être diffusées le plus largement possible, car elles sont l'un des principaux moyens d'orienter les futurs étudiants. Elles devraient être pratiquées dans toutes les universités.

d'une réforme de l'université. Acceptons donc l'optimisme de Yannick Vallée, président de l'université Joseph-Fourier de Grenoble et premier vice-président de la Conférence des présidents d'université, qui affirme que « la professionnalisation de nos filières est importante. On oublie trop que les universités ont inventé les IUT dès les années 60 et qu'elles les font vivre remarquablement. Elles mettent en place des "licences pro", chaque année plus nombreuses, adaptées à des créneaux économiques et industriels précis. Dans beaucoup d'universités, les masters pro sont plus nombreux que les masters recherche... L'université est sur la bonne voie... L'université est efficace[1] ». Puisse l'avenir lui donner raison ! Puissent les étudiants, leurs professeurs et toute la communauté universitaire oublier leur amertume et retrouver un jour confiance en eux-mêmes !

---

1. Intervention du 25 avril 2006, à la Sorbonne, à l'occasion de l'installation par le Premier ministre de la Commission du débat national Université-Emploi.

III

En sortir

Qu'il soit clair que l'Université française n'est pas en mesure d'accepter une énième réforme partielle et plus ou moins bureaucratique de ses structures. Elle en a subi des dizaines depuis la guerre. La dernière en date, l'intégration au système européen, dit LMD, est l'une des moins mauvaises, mais elle a laissé des souvenirs douloureux dans la mesure où elle a réclamé un énorme effort sans qu'aucun moyen supplémentaire soit dégagé. Ce dont la France a aujourd'hui besoin, c'est de basculer franchement dans ce qu'il est convenu d'appeler la « société de la connaissance », le désir et la possibilité d'apprendre à tout âge de la vie avec enthousiasme pour progresser sur la voie de l'épanouissement personnel et de l'amélioration de la qualité de la vie. La France a accumulé un énorme retard par rapport à beaucoup de pays européens et extra-européens.

Il faut convaincre l'ensemble de la société, les jeunes, leurs parents, les syndicats, les décideurs politiques de l'effort qui doit être accompli. Il n'est de richesse que d'hommes, écrivait Jean Bodin – précisons, de femmes et d'hommes instruits. C'est l'exemple que nous donnent nombre de pays manquant d'espace et de matières premières : le Japon, Singapour, les Pays-Bas, etc. Et pour enchaîner les proverbes, ajoutons qu'il n'est pas de sot métier. Tout métier est épanouissant, pourvu que celui qui l'exerce en connaisse tous les aspects techniques, soit autonome et capable de le faire évoluer par son intelligence et sa culture, son esprit d'invention, soit aussi capable d'en changer rapidement en cas de crise d'un secteur ou, tout simplement, par envie de mobilité. Aucun métier manuel n'est totalement manuel ; il demande de l'imagination et le goût de répondre intelligemment à une demande. C'est à ce prix que les aspects pénibles et répétitifs de certaines professions peuvent être atténués, voire disparaître et que ces dernières peuvent devenir très rémunératrices. Il faut pour cela une soif de connaître et d'apprendre inextinguible, de l'humilité, de la volonté, le sens de l'effort et du travail bien fait. Il est évident que si tout cela n'a pas été acquis dans la famille, à l'école ou au lycée, l'Université ne peut rien faire. Il est trop tard. Voilà pourquoi c'est l'ensemble de la société qui doit réfléchir à cette question essentielle de la formation supérieure et se remettre en cause.

Une première réforme nécessaire consiste à combler le fossé qui existe entre les « grandes écoles » avec leurs années préparatoires et les universités. Un certain nombre d'avantages et de qualités ne se rencontrent que dans l'un des deux systèmes. Une osmose est nécessaire ; elle passe par une réunification. Les universités doivent retrouver le droit d'être exigeantes, les grandes écoles celui de la recherche et de l'imagination, l'ensemble de l'enseignement supérieur doit bénéficier d'une égale dignité. C'est l'une des conditions nécessaires pour qu'il retrouve le chemin de l'insertion professionnelle facile et naturelle des jeunes qui lui confient leur avenir.

Il n'est pas question de briser les formations élitistes dont la France, comme n'importe quel pays, a besoin, mais d'unifier les institutions. C'est une grande révolution nécessaire. En premier lieu, les classes préparatoires doivent être intégrées aux universités avec leurs professeurs et leurs moyens financiers correspondants. C'est ce qu'a proposé très sérieusement la Conférence des présidents d'université au printemps 2005 dans son congrès annuel de Lyon, au grand dam des « grandes » écoles. Dire que les étudiants de licence n'ont aucun besoin d'un enseignement adossé à la recherche[1] relève d'un misérable protectionnisme et de l'une des ségrégations les plus injustes. On a enfin admis que les Instituts universitaires de formation des maîtres devaient être intégrés au. universités, en particulier parce qu'il était vain, voire dangereux, de créer un savoir didactique et de l'enseigner en le coupant de la recherche scientifique disciplinaire ou pluridisciplinaire. Le processus est en cours et a pour but de mieux former les futurs enseignants du primaire et du secondaire en les immergeant dans une atmosphère de recherche.

Ce dont, par ailleurs, notre enseignement supérieur a le plus besoin, c'est de clarifier la distinction entre les formations courtes qui doivent être nécessairement tournées vers l'insertion professionnelle intermédiaire et les formations longues qui conduisent à l'encadrement. Dans la première catégorie, les STS, les IUT, les licences professionnelles fonctionnent bien. Il conviendrait peut-être

---

1. C'est évidemment l'opinion de Christian Margaria, président de la Conférence des grandes écoles. Justine Ducharne, « Classes préparatoires. Le projet d'intégration se heurte à l'hostilité des grandes écoles », *Le Figaro*, 6 avril 2005.

de les regrouper sous forme d'établissements ressemblant aux collèges anglo-saxons et surtout de les faire monter en puissance. Trop d'étudiants perdent leur temps et leur motivation dans les premières années des filières longues où ils sont impitoyablement sélectionnés par l'échec avant d'entrer dans une longue période de précarité. C'est sans doute dans ce secteur qu'il faut investir le plus d'argent dans les années à venir. Toutes les branches professionnelles recherchent des techniciens issus de ces formations Bac+2 ou Bac+3. Il convient seulement qu'elles expriment leurs besoins quelques années à l'avance, ce qui, hélas, n'est pas une habitude française.

Il faut aussi réhabiliter auprès des jeunes ces formations et ces professions. Elles passent trop aux yeux de certains étudiants comme dénuées d'intérêt et de noblesse. Ils vivent surtout très mal l'idée de se voir interdire les voies longues considérées comme royales. C'est ce qui explique le blocage de l'absurde situation actuelle. La sélection opérée par les classes préparatoires est acceptée par l'opinion, et ce d'autant mieux que cette filière a la réputation d'être très exigeante et rarement couronnée de succès, sauf chez les « polars ». Beaucoup de jeunes s'inscrivent donc à l'université en cultivant aussi longtemps qu'ils le pourront l'illusion qu'ils deviendront cadres supérieurs, journalistes, metteurs en scène, psychologues, avocats, médecins spécialistes, responsables d'ONG, chercheurs, etc. Si la formation tout au long de la vie, telle que la pratique, par exemple, le Conservatoire national des Arts et Métiers, était répandue et efficace, tous les jeunes pourraient envisager sans désespoir une insertion professionnelle rapide et correctement rémunérée, suivie, lorsque le désir leur en viendrait, d'une progression dans l'acquisition de connaissances et de savoir-faire ainsi que dans l'échelle des responsabilités et des salaires. Ce mécanisme est déjà en place avec la Validation des acquis de l'expérience (VAE), mais la formation continue universitaire a tant de progrès à accomplir !

Comment inciter les jeunes à choisir de leur plein gré ces filières courtes, susceptibles de conduire à des rallonges, dans la foulée immédiate grâce à des passerelles ou, plus tard, grâce à la formation continue ? À l'évidence par une orientation bien conduite à laquelle la jeunesse a pleinement droit et qui ne lui est nullement offerte aujourd'hui. La culture nationale française est telle qu'il sera difficile d'étendre la sélection tolérée pour les classes préparatoires au reste de l'enseignement supérieur. Il le faut, pourtant. C'est une absurdité que la plupart des pays prospères ne comprend nullement, mais c'est ainsi. Si l'on autorisait les universités à choisir leurs étudiants, tout en s'engageant à les insérer dans la vie professionnelle quelques années plus tard, leurs effectifs devraient diminuer de moitié. Cela augmenterait d'autant leurs ressources si l'on ne calculait pas absurdement les dotations globales de fonctionnement sur le nombre des étudiants qu'elles inscrivent[1]. C'est pourquoi les établissements hésitent actuellement à fixer des *numerus clausus* dans les disciplines, y compris les moins tournées vers l'emploi : cela diminue les subventions ministérielles, les ressources propres (150 euros par étudiant !) et les chances d'obtenir des postes d'enseignants-chercheurs et peut-être, un jour, des surfaces supplémentaires, avec l'aide des collectivités locales. L'inflation des étudiants dans les filières sans avenir n'a jamais été vraiment découragée par l'État. Elle cache bien mal, mais elle cache le taux de chômage des jeunes.

L'orientation intelligente et positive peut fonctionner par la persuasion, mais elle a aussi besoin du coup de pouce d'un *numerus clausus* non fondé sur le principe des premiers inscrits, mais sur celui des débouchés possibles et des chances de réussite des étudiants acceptés. Certaines universités y ont

---

1. C'est ce que l'on appelle les normes SANREMO (Système analytique de répartition des moyens).

discrètement recours en demandant à tous ceux qui dépassent un *numerus clausus* volontairement bas de fournir notes du bac et livret scolaire. Aujourd'hui, l'orientation relève majoritairement dans les lycées et les universités de conseillers ayant reçu une formation en psychologie. C'est l'une des origines du mal. Les professeurs du secondaire ou du supérieur seraient sans doute plus compétents, s'ils en étaient chargés et préparés à cela, mais la meilleure solution serait de confier cette tâche à des professionnels des ressources humaines. Ils pourraient effectuer ce travail à temps partiel, rémunérés directement par les établissements ou sur leur temps de travail qui serait remboursé à leurs employeurs par des avantages fiscaux. Ce serait aussi un excellent moyen d'utiliser les compétences de préretraités ou de jeunes retraités si la législation française leur permettait de travailler à temps partiel au lieu de considérer que le travail est une denrée si précieuse qu'elle ne se partage pas. Si seulement nos législateurs avaient lu Alfred Sauvy[1], qui a fait justice de cette absurdité il y a bien des décennies ! D'ailleurs, s'ils l'avaient lu et assimilé, ils

---

1. Alfred Sauvy a souvent pourfendu cette dangereuse idée reçue, particulièrement dans *L'Économie du diable*, Paris, Calmann-Lévy, 1976 ; Hachette, « Pluriel », 1978.

n'auraient pas non plus voté une loi interdisant au Français de travailler plus de 35 heures par semaine, soit 131 heures annuelles de moins que l'Européen moyen, 180 heures de moins qu'un Belge, un Portugais ou un Slovaque, sans que cela fasse baisser le taux de chômage.

Pour orienter avec quelque pertinence, il importe de mieux connaître le devenir professionnel des anciens étudiants et l'attente du marché de l'emploi. Toutes les universités devraient se doter d'un observatoire de l'insertion et, pourquoi pas, d'une association des anciens. C'est la pratique de la plupart des écoles d'ingénieurs ou de commerce, également des IUT, mais aussi de toutes les grandes universités de la planète. Les *alumni* constituent une indispensable base d'informations d'un établissement en vue de faire évoluer son offre de formation. Accessoirement, ils peuvent faire bénéficier les étudiants de leur talent en venant leur donner des conférences, leur fournir des stages, voire contribuer à l'amélioration des conditions de travail dans leur ancienne université. Il faudrait pour cela que le mécénat soit entré dans les mœurs françaises, tout spécialement les mœurs fiscales.

Les enquêtes existantes révèlent l'existence de filières sans grands débouchés professionnels, sauf pour une minorité d'étudiants excellents et qui, de toute manière, auraient trouvé un emploi. L'obstination de nombreux jeunes à vouloir entamer des études de cinéma, de psychologie, de sociologie, d'histoire de l'art, de sport, etc., et l'impuissance de leurs parents et amis à les en dissuader devraient au moins se heurter à la sagesse des universités qui devrait sévèrement limiter les inscriptions dans ces filières. Il n'est pas raisonnable de laisser des foules s'engouffrer dans des études de littérature, d'histoire ou de philosophie alors que l'enseignement est le principal débouché, que les places au CAPES ou à l'agrégation sont très rares et, d'ailleurs, que beaucoup d'entrants ne veulent surtout pas devenir professeurs.

On n'échappera pas à la fixation de *numerus clausus* sévères dans de nombreuses disciplines relevant, en particulier, des humanités. Dans beaucoup de pays, les universités organisent des examens d'entrée. Les Français demeurent attachés à l'illusion du baccalauréat comme le sésame légitime d'entrée dans l'enseignement supérieur. Si l'on ne veut pas toucher à cette vache sacrée, la moindre des choses serait que toute inscription à l'université soit soumise à un examen du livret scolaire du candidat et de ses notes au baccalauréat. Mais il ne faut pas rêver, le gouvernement qui osera légiférer sur ce point devra être animé d'un volontarisme puissant. Une partie de l'opinion est non seulement rétive à la sélection, mais même à l'orientation. Le syndicat Sud Éducation affirme que « la culture de l'orientation entérine la sélection par l'échec. Elle constitue le paravent de plus en plus transparent de l'exclusion scolaire et sociale. L'accentuation des inégalités y puise sa justification culpabilisante. Les racines de la violence s'y nourrissent[1] ».

Certains, comme Claude Allègre, suggèrent d'organiser une année préparatoire à l'entrée en licence, c'est-à-dire la reconstitution de la propédeutique supprimée en 1966. C'est reculer pour mieux sauter ; mieux vaudrait renforcer la qualité et les exigences de l'enseignement secondaire et du baccalauréat.

Les formations courtes, de type BTS ou IUT, doivent faire l'objet d'un développement massif, car elles offrent des débouchés aux étudiants et des perspectives de carrière très attractives pour les plus volontaires, y compris la possibilité de créer leur propre entreprise. C'est sur elle que doit porter rapidement l'effort financier de la Nation. Le problème est que de nombreux jeunes ne souhaitent pas s'y engager et qu'ils préfèrent courir à l'échec ou à l'enlisement dans des filières longues qui ne devraient être ouvertes qu'aux plus

---

1. www.sudeducation.org/article1475.html, 13 avril 2006.

doués d'entre eux, soit juste après le baccalauréat, soit grâce à des passerelles aménagées pour ceux qui se réveillent un peu plus tard.

Par ailleurs, on n'échappera pas à une promotion des formations professionnelles plus courtes, moins intellectuelles en apparence, mais réclamant beaucoup d'intelligence et d'imagination. Elles s'effectuent le plus souvent en alternance et en apprentissage. Les besoins sont immenses et non couverts par la main-d'œuvre française : dans le bâtiment, la santé, les métiers de bouche et bien d'autres secteurs. Est-il plus difficile d'être cuisinier ou fleuriste que titulaire d'un master de géostratégie... au chômage ?

Une anecdote : le samedi 25 mars, en pleine crise du CPE, je me rends chez Serge Perraud, l'excellentissime boucher de la rue Monge. Il faut compter une bonne demi-heure de queue, car on vient chez lui de tout le Ve arrondissement et même du XIIIe. Il faut dire qu'il choisit et rassit ses viandes comme personne. Il aime ses clients presque autant qu'elles et le leur dit d'une manière bourrue inimitable, maniant tour à tour le conseil paternel et la menace quant aux excès de cuisson. Le voir œuvrer et commenter son travail est un spectacle en soi. J'avise une affichette apposée sur sa porte émanant de l'École professionnelle de la boucherie à Paris. Elle représente une belle côte de bœuf dans laquelle sont fichées les étiquettes suivantes : « Études rémunérées », « Pas de chômage », « 100 % Avenir ». Le texte principal est le suivant : « Recrutons apprenti(e) boucher. Contrat d'apprentissage de 2 ans ». Je me risque à questionner Serge Perraud sur ce document, lui demandant s'il lui a valu des demandes : « L'affiche est là depuis des mois ; je n'ai reçu aucune proposition et personne ne m'a demandé quoi que ce soit à son propos. » Je laisse imaginer les commentaires qui ont suivi sur les manifestations anti-CPE. « Prenez l'affiche et placez-la dans une vitrine de la Sorbonne ; on ne sait jamais ! » Je n'ai pas osé, de crainte de passer pour un provocateur. Les clients présents n'ont pas osé non plus approuver ouvertement M. Perraud. Pourtant, s'il y avait un ou deux apprentis dans la boutique, ils feraient moins la queue et il y aurait vite une nouvelle bonne boucherie dans le quartier.

J'entends d'ici les ricanements d'un certain nombre de jeunes qui ne veulent en aucune manière exercer un travail manuel, jugé trop pénible, salissant et surtout dégradant. Ils oublient que les noms du regretté boulanger Lionel Poilâne, des cuisiniers Paul Bocuse, Joël Robuchon ou Alain Ducasse, du pâtissier Gaston Lenôtre ou du chocolatier Pierre Hermé sont plus connus et vénérés dans le monde que ceux de la plupart des prix Nobel, alors qu'ils ont tous quitté l'école très jeunes. On oublie que Coco Chanel a commencé comme petite modiste, Pierre Cardin comme coupeur chez un tailleur, qu'Yves Saint-Laurent n'a pas dépassé le niveau du baccalauréat. La plomberie ou l'électricité n'ont pas leurs divas, mais il est très connu que ces professions rapportent pas mal d'argent et, en prime, l'estime de ses contemporains. Laurent Fabretti, directeur de l'Institut de formation par alternance de la restauration de la Chambre de commerce et d'industrie de Versailles, en témoigne : « Le recrutement de jeunes est de plus en plus dur pour les centres de formation des apprentis. C'est très dommage, car c'est un des rares secteurs où il est possible de faire une très belle carrière en ayant seulement un CAP en poche[1]. » Avec l'ouverture des frontières, les actuels plombiers polonais qui travaillent au noir auront bientôt pignon sur rue et sauront gérer parfaitement leur entreprise, car beaucoup ont effectué de bonnes études supérieures[2].

---

1. D.P./A.Z., « La restauration recrute à tour de bras », *Metro*, lundi 24 avril 2006, p. 12.

2. Les Polonais sont actuellement en train de s'emparer du travail temporaire des vendanges françaises. Les viticulteurs apprécient chez eux leur ardeur et la précision de leur travail. Même si la viticulture n'est pas une tradition polonaise, nul doute que l'on verra bientôt des domaines repris par d'anciens vendangeurs qui auront pris goût au métier et sauront le valoriser.

« Voilà, me dira-t-on, vous voyez bien qu'il vaut mieux aller à l'université ! » Oui, à la condition d'accepter d'exercer ensuite une profession utile à la société.

La revalorisation des métiers dits « manuels » est une nécessité vitale pour notre pays. Elle s'accompagne d'un arrêt de la course aux diplômes inutiles. Claude Allègre le pense et le dit fortement, comme tout ce qu'il pense et dit, à la différence de ce qu'il a réalisé lorsqu'il était au gouvernement. À la question d'un journaliste : « 80 % d'une classe d'âge au bac, c'est donc une erreur[1] ? », il répond : « Oui, c'est une fausse bonne idée ! Cette idée de Jean-Pierre Chevènement était généreuse au départ, on pensait que les ouvriers allaient tous être bacheliers. À mon époque, on quittait le système scolaire à 14 ans, après son certificat d'études pour travailler. Et à 20 ans, on gagnait sa vie. Aujourd'hui, on sort du lycée professionnel à 21 ans pour gagner le SMIC. Et quand on a le bac, on ne veut pas être ouvrier. On a magnifié les emplois intellectuels. Mais travailler dans le bâtiment, l'hôtellerie, la restauration peut aussi être magnifique. Un pays a besoin

---

1. Claude Allègre, « L'Université pratique le libéralisme sauvage », *Le Figaro. Supplément entreprises-emploi*, lundi 3 avril 2006, p. 9.

de tous les métiers. Et il vaut mieux être le meilleur boulanger que le plus mauvais médecin de France. » Mais comme l'ancien ministre n'en est pas à une contradiction près, il déclare presque le même jour : « Le bac doit rester le passeport pour la poursuite d'études, ce qui exclut d'instaurer une sélection à l'entrée de l'université[1]. »

Il y a bientôt un quart de siècle, Alain Savary défendait et faisait voter la loi consacrée à l'enseignement supérieur qui porte son nom et qui n'a fait qu'aggraver la situation, en particulier en matière de gouvernance. L'un des opposants les plus réfléchis et posés à cette loi ne fut autre que Raymond Barre, ancien Premier ministre, mais avant tout professeur d'économie. Dans sa remarquable intervention à l'Assemblée nationale le 24 mai 1983, il déclarait : « Vous savez, Monsieur le Ministre, la considération que je vous porte de longue date. Elle m'engage à vous dire la vive inquiétude que j'éprouve devant le projet de loi sur l'enseignement supérieur que vous soumettez au Parlement. [...] Ce qui serait raisonnable ce serait d'assouplir la sélection pour les formations courtes qui conduisent aux professions et d'augmenter l'orientation pour les formations générales. » Au même moment,

---

1. Claude Allègre, « La clé de l'emploi est à l'université », *Le Monde,* 1er avril 2006, p. 23.

l'Académie des sciences réclamait la mise en place d'une « orientation sélective » et l'augmentation importante du nombre des étudiants dans les formations professionnelles courtes.

Ces vœux sont plus que jamais d'actualité, mais peu d'acteurs du milieu éducatif et de décideurs politiques osent le dire. Et pourtant, on entend ici ou là prôner une plus grande autonomie des universités. La première des autonomies est de pouvoir choisir ses étudiants et de s'engager auprès d'eux à les former le mieux possible en les conduisant jusqu'à une insertion professionnelle adaptée aux études qu'ils ont suivies. Le droit mène aux professions juridiques, la médecine et la pharmacie aux professions de santé, la physique, la chimie, les sciences de la terre et de la vie aux applications industrielles et de recherche. Mais qu'en est-il de la philosophie, des mathématiques, du latin ou du grec ? Il est impossible à un étudiant titulaire d'une licence de ces dernières disciplines de décrocher immédiatement un emploi. Il devra acquérir une formation complémentaire lui permettant de passer les concours administratifs ou entrer dans une entreprise dont la vocation n'a aucun rapport avec ces disciplines.

Au contraire, si seuls les étudiants réellement motivés et offrant des garanties de sérieux sont acceptés dans ces filières générales à vocation longue, ils ont toutes les chances de parvenir à des emplois qualifiés. Ces formations de niveau master (ex-DESS, Bac+5) se partagent en deux catégories. Les unes sont professionnalisantes et font souvent la fierté des universités. Elles réclament beaucoup de travail de la part d'équipes pédagogiques auxquelles participent des professionnels et coûtent assez cher. Certaines fonctionnent en alternance et garantissent ainsi une meilleure insertion des étudiants. Paris-Sorbonne, par exemple, offre une quinzaine de masters professionnels. Une enquête récente effectuée sur le devenir des anciens étudiants de neuf d'entre eux, deux ans après l'obtention de leur diplôme, révèle un taux d'insertion professionnelle de 83 % et un salaire moyen de 1 660 euros, montant assez comparable à celui d'un professeur du secondaire débutant. La préparation aux concours de l'enseignement représente d'ailleurs aussi l'un des talents de certaines universités. Dans les disciplines juridiques et de gestion ou dans les sciences de l'ingénieur, l'insertion est aussi bonne, mais les rémunérations sont plus élevées. Seule l'industrie offre parfois des rémunérations très supérieures. Qu'on en juge : la société Vallourec offrait le 30 mars 2006 un emploi de technicien ordonnancement planning en CDI (suivi et bilan de commandes auprès des clients) dans sa tuberie de Rouen : « De formation Bac+2 de type organisation et gestion de production, vous avez une première expérience en industrie dans ce type de fonction avec idéalement des connaissances en métallurgie. Vous maîtrisez l'anglais. Salaire : 5 500 euros[1]. » Sans commentaires !

L'autre catégorie de masters est dite « de recherche ». Il s'agit là de formations longues sans lien direct avec un débouché professionnel précis autre que le métier difficilement accessible de chercheur. Première difficulté : la réglementation de la réforme LMD interdit la sélection entre la licence et le master. On retrouve la même volonté d'entretenir l'illusion qu'entre le baccalauréat et la première année de licence. La sélection est autorisée entre la première et la deuxième année de master : c'est mieux que rien, mais cela ne plaît pas à certains syndicats étudiants. Les meilleurs étudiants de ces filières seront admis à s'inscrire en doctorat et bénéficieront éventuellement d'une allocation de recherche pour financer la préparation de leur thèse. Comme il y en a très peu, les autres comptent sur leurs parents ou doivent travailler. Certains ont passé l'agrégation et sont donc déjà fonctionnaires. La plupart tentent d'obtenir un poste d'assistant temporaire (ATER) qui permet de toucher un traitement et de s'initier à l'enseignement supérieur, ce qui leur rendra service au moment où ils postuleront sur un

---

1. Je dois cette information à Gilles Fumey.

emploi de maître de conférences, une fois leur thèse achevée. Pour ceux qui ne préparent pas de doctorat, le master de recherche est malgré tout une bonne formation. Le diplôme est moins facile à valoriser qu'un master professionnel, mais des étudiants dégourdis peuvent faire valoir leurs capacités à l'analyse et à la synthèse, à l'innovation et à l'adaptation, toutes qualités requises dans de nombreux métiers. Les littéraires de ce niveau savent en outre rédiger correctement. Mais il va de soi que leur insertion sera plus facile s'ils ont effectué des stages auparavant qui leur permettent de ne pas tout ignorer de la vie des entreprises. Sinon, le retour sur terre est rude ! Il faut savoir que le déclassement professionnel touche davantage les titulaires d'un master que d'un BTS ou d'un DUT[1]. Stéphane Randretsa, le directeur des ressources humaines d'Indo-Suez, l'avoue : « Un thésard n'a pratiquement aucune chance d'être embauché chez Indo-Suez... C'est un profil qui fait peur[2]. »

Améliorer l'insertion professionnelle des diplômés passe par le renforcement des liens entre les

---

1. Marie Duru-Bellat, *L'Inflation scolaire. Les désillusions de la méritocratie*, Paris, Seuil, 2006.

2. Cécilia Garbizon, « Pourquoi les entreprises hésitent à embaucher les diplômés de l'université ? », *Le Figaro*, 26 avril 2006.

universités et les entreprises. Ceux-ci sont déjà étroits dans les filières professionnelles courtes ou longues, mais pas dans les autres qui concernent la majorité des étudiants encadrés par des enseignants-chercheurs souvent remarquables mais qui vivent dans les nuages de la recherche pure et désintéressée. De multiples solutions doivent être imaginées. Parmi elles, l'inclusion dans tous les cursus de stages en entreprise accompagnés par un tuteur et un enseignant, sanctionnés par un rapport noté qui comporterait une réflexion sur le rapport entre la discipline choisie par l'étudiant et le travail effectué. Ce serait assez facile en économie, en droit, en mathématiques, en philosophie, en géographie, en histoire, en russe, moins évident en linguistique, en latin ou en grec, mais l'exercice serait passionnant à inventer. Il est vrai que tous les stages ne sont pas d'un égal intérêt et que certaines entreprises abusent des « stagiaires bidons » qui effectuent des tâches nécessaires ne réclamant guère d'initiative et qui évitent de payer des charges sociales. Mais même ceux-ci peuvent être enrichissants au deuxième degré. Amélie Nothomb en a bien tiré un roman à succès à partir d'une difficile expérience japonaise[1] !

---

1. Amélie Nothomb, *Stupeur et tremblements*, Paris, Albin Michel, 1999.

Stages utiles, formation en alternance ou en apprentissage, contrats de professionnalisation doivent être encouragés et multipliés. Pourquoi la France ne compte-t-elle que 365 000 apprentis contre 1 600 000 en Allemagne ? Pourquoi seules 250 licences professionnelles sur les 1 230 qui existent en France sont-elles ouvertes à l'alternance[1] ?

C'est en tout cas dans l'idée de faire monter en puissance la fertilisation croisée de l'enseignement supérieur et des entreprises qu'a été lancé le 25 avril dernier par Dominique de Villepin un débat national université-emploi, en présence (rare) de tous les acteurs de l'enseignement supérieur, y compris les ténors du syndicalisme étudiant à peine remis de la victoire à la Pyrrhus obtenue contre le CPE. Soyons optimistes : une page est en train de se tourner. L'idée d'orientation fait son chemin et les entreprises commencent à faire un peu moins peur à l'Éducation nationale. Néanmoins il reste un long chemin à parcourir, comme en témoignent les résultats affligeants d'une enquête effectuée en août 2005 auprès d'un échantillon de mille personnes par pays dans vingt pays du Nord et du Sud, par GlobeScan, un Institut

---

1. Marie-Madeleine Sève, « Le filon des super-apprentis », *L'Express*, 30 mars 2006, pp. 122-123.

LE SYSTÈME DE LA LIBRE ENTREPRISE ET DE L'ÉCONOMIE DE MARCHÉ EST-IL LE MEILLEUR POUR L'AVENIR ? (RÉPONSES EN %)

Pays	D'accord	Pas d'accord
Chine	74	20
Philippines	73	22
États-Unis	71	24
Corée du Sud	70	19
Inde	70	17
Indonésie	68	29
Grande-Bretagne	67	27
Nigeria	66	29
Canada	65	29
Allemagne	65	32
Espagne	63	28
Pologne	63	19
Mexique	61	38
Italie	59	31
Kenya	59	25
Brésil	55	30
Turquie	47	36
Russie	43	34
Argentine	42	29
France	**36**	**50**

Source : GlobeScan.

américain commandité par l'université du Maryland[1]. Et les résultats auraient probablement été pires si l'on avait extrait les personnels de l'Éducation nationale ou les jeunes de moins de vingt-cinq ans, particulièrement les étudiants.

L'insertion professionnelle des jeunes est inséparable de la lutte contre l'échec universitaire, celle-ci ne pouvant en aucune manière consister à étendre le laxisme du baccalauréat à tous les niveaux du supérieur. La valeur des diplômes doit être rétablie, ce qu'une orientation intelligente devrait permettre, et aussi la mise en place d'un tutorat renforcé destiné à ceux dont la motivation et les capacités sont reconnues, mais les méthodes de travail un peu déficientes. Il porte incontestablement ses fruits : ceux des étudiants qui le suivent réussissent mieux que les autres et c'est l'un des moyens d'aider les étudiants issus de milieu modeste ou défavorisé. Quant aux tuteurs, outre une petite rémunération, ils acquièrent du sens pédagogique et de la maturité qui serviront, en particulier, à ceux qui souhaitent passer les concours de l'enseignement. C'est un peu la

---

[1]. Pierre-Yves Dugua, « Les Français seuls à rejeter le capitalisme », *Le Figaro*, 25-26 mars 2006, p. 24. Voir aussi Raymond Boudon, *Pourquoi les intellectuels n'aiment pas le libéralisme*, Paris, Odile Jacob, 2004.

méthode, encore une fois imparfaite mais nécessaire, employée par Sciences Po pour intégrer un certain nombre d'élèves de banlieue. C'est l'esprit du projet « 100 000 étudiants pour 100 000 élèves de l'éducation prioritaire » mis en œuvre en avril 2006 par le ministre de l'Éducation nationale Gilles de Robien. On ne peut que louer tout ce qui permet de se rapprocher un peu d'une véritable égalité des chances.

De meilleurs diplômes, une meilleure connaissance des milieux professionnels par les étudiants et leurs enseignants, l'extension de l'apprentissage et des contrats de professionnalisation devraient permettre une meilleure insertion des jeunes sur le marché de l'emploi. Ce n'est encore pas suffisant. Il faut aussi s'attaquer à la question cruciale de l'égalité des chances pour ceux qui sont issus de l'immigration, particulièrement africaine. La crise du CPE a occulté le problème, mais à l'automne 2005, la flambée de violence des banlieues a montré que ce serait de l'inconscience de l'ignorer. Tout ce qui va dans ce sens est bon à prendre : l'anonymat du *curriculum vitae*, une flexibilité plus grande de l'emploi qui permet aux jeunes embauchés de faire leurs preuves auprès d'un employeur, sans que celui-ci considère le risque qu'il prend comme trop lourd et, en amont, l'éducation des immigrants, adultes et jeunes, à la culture française, au civisme républicain et à la laïcité. Politiquement incorrect ? Qu'importe, c'est cela ou bien le communautarisme et, à terme, la guerre civile.

Venons-en au point qui fâche le plus : celui des moyens financiers des universités. On l'a vu, les comparaisons internationales sont accablantes pour la France. Les universités font tout ce qu'elles peuvent pour dissimuler leur misère aux yeux des collègues étrangers qu'elles reçoivent, mais c'est la quadrature du cercle. Les conditions minimales d'une vie universitaire efficace doivent être enfin mises en place : un taux d'encadrement en enseignants et en personnel administratif au moins deux fois plus important qu'aujourd'hui, des salaires décents pour des personnels à qui l'on demanderait plus, des salles de cours propres et en nombre suffisant dans des locaux agréables et sûrs, un bureau par enseignant-chercheur, des bibliothèques et salles de travail vastes, riches en ouvrages, abonnements, accès internet, des logements pour les étudiants et des restaurants universitaires de qualité, etc.

Bien sûr tout cela a un coût très supérieur au coût actuel de l'enseignement supérieur en France. Si l'on veut doubler le nombre de jeunes Français effectuant des études supérieures et doubler les dépenses de formation de chacun de ces étudiants, objectif nécessaire, cela représente beaucoup,

beaucoup d'argent. Notre pays doit se l'offrir, faute de quoi il régressera dans tous les domaines. Mais comment financer une telle révolution ? Un bref calcul révèle l'ampleur du chantier : chaque étudiant du supérieur coûte en moyenne à la nation 7 400 euros. Cela représente actuellement 17 milliards d'euros. Si l'on double la dépense par étudiant et que l'on double le nombre de ces étudiants, cela représente près de 70 milliards d'euros. Notre pays peut-il trouver cette somme ? Oui, sans aucun doute, s'il retrouve le chemin d'une vraie croissance, mais sûrement pas uniquement dans le budget de l'État qui, en 2006, s'élève à 400 milliards d'euros de dépenses, dont 47 de déficit. Il ne peut être question d'augmenter encore la part des prélèvements obligatoires qui représente déjà plus de 45 % du PIB, contre 42 en Italie, 37 au Royaume-Uni, 36 en Espagne.

Il est certes possible pour l'État de se décharger en partie sur les collectivités territoriales, ce qui est déjà le cas en partie pour l'enseignement primaire et secondaire, en espérant que celles-ci géreront mieux l'argent public. Ce peut être un choix politique, mais, dans l'hypothèse d'une augmentation sensible des dotations de l'enseignement supérieur, cela ne diminuera pas la pression fiscale, ce qui est également un choix politique dont il convient de rendre les Français responsables.

Les autres sources de financement sont donc à rechercher du côté des entreprises et des usagers. Qui dit entreprises dit mécénat ou privatisation. À la différence des pays anglo-saxons, le premier n'est pas dans les traditions françaises, ce que l'on peut regretter. Il permettrait un meilleur lien entre les forces vives du pays et les universités. Certains monuments historiques, comme le château de Versailles, ou institutions culturelles, comme le Louvre, l'Opéra de Paris, y ont recours depuis longtemps, tant en France qu'à l'étranger. Pourquoi pas les universités ? Il est néanmoins évident que les sommes provenant de la générosité peuvent améliorer la situation, mais à la marge.

L'idée de privatisation ou d'ouverture du capital, alors même que les universités ignorent quel est leur capital, fait se dresser les cheveux sur la tête d'un certain nombre de Français. Rappelons qu'il en était de même, il n'y a pas si longtemps, pour quelques grandes banques, pour Usinor-Sacilor, pour France Telecom, pour Air France, pour quelques entreprises stratégiques comme Aerospatiale-Matra, Rhône-Poulenc, etc. et que les privatisations ont été aussi bien réalisées par la droite que par la gauche, en particulier sous le gouvernement Jospin, entre 1997 et 2002 (31 milliards d'euros de recettes de privatisation). Les dénationalisations ont représenté 655 milliards d'euros dans les pays de l'OCDE dans la décennie 1990, dont 420 dans l'Europe qui était alors des Quinze[1]. Il faudrait au moins y réfléchir à propos des universités avant de s'évanouir et, si l'on n'y a pas recours, trouver d'urgence de nouvelles ressources ailleurs.

On ne peut évacuer la question de la participation financière des étudiants à la formation qu'ils reçoivent, même s'il s'agit encore d'un tabou majeur. Pour beaucoup de Français, il est clair que la gratuité de l'accès à l'éducation est non seulement un acquis ancien, mais une garantie de qualité, de justice sociale et d'indépendance. Rien de tout cela n'est exact, comme on a essayé de le montrer dans les pages qui précèdent. Au contraire, il faut rétablir ces trois conditions de toute urgence et l'État n'est pas nécessairement le mieux placé pour y parvenir. L'élévation des droits d'inscription est une décision que l'on ne pourra plus longtemps différer[2]. Le mépris dans lequel trop d'étudiants tiennent l'enseignement qu'ils reçoivent est devenu l'un des grands facteurs de médiocrité des premières années des formations générales. Que penser des 10 à 20 % de faux étudiants qui s'inscrivent administrativement pour bénéficier de la Sécurité sociale ou de conventions de stage, qui

---

1. *Le Monde*, 9 avril 2002.
2. Benoîte Jalet, « Faut-il augmenter les droits d'inscription à l'université ? », *L'Express,* 4 juillet 2005, p. 78.

ne s'inscrivent jamais pédagogiquement et ne suivent jamais un cours[1] ?

Jean-Jacques Payan, directeur général des enseignements supérieurs de 1982 à 1986, au temps de la première alternance socialiste de la Ve République, n'hésite pas à dire aujourd'hui[2] que les droits « peuvent être sensiblement augmentés pour peu qu'un système de bourses efficace et de prêts avec garantie de l'État soit mis en place. Les universités ont besoin d'argent. Mais surtout, payer pour étudier, cela éviterait tous les mécomptes dus aux étudiants fantômes. » Cette idée fait largement son chemin. Emmanuel Davidenkoff proposait récemment dans le supplément de *Libération* intitulé « 30 idées pour réveiller la gauche » de « gonfler les droits d'entrée à la fac[3] ». C'est également le point de vue de mon collègue philosophe Alain Renaut qui réfléchit depuis longtemps aux politiques éducatives[4] : « La quasi-gratuité, qui est aussi une pseudo-gratuité […], est

---

1. Comité national d'évaluation, *L'Université Paris-Sorbonne. Paris IV*, Paris, CNÉ, 2006, p. 26. Justine Ducharne et Marie-Estelle Pech, « Des milliers d'étudiants fantômes inscrits dans les universités », *Le Figaro*, 13-14 mai 2006, p. 1 et p. 13.

2. Luc Bronner, Virginie Malinge, « La grande misère des universités françaises », *Le Monde*, 24 janvier 2004.

3. Supplément spécial de *Libération* du 10 novembre 2005.

4. Alain Renaut, *Modèle social : la chimère française*, Paris, Textuel, 2006, p. 99.

l'un des paramètres explicatifs de la misère des universités [...]. L'État ne peut pas, puisqu'il a fait depuis si longtemps en France le choix du lycée, multiplier du jour au lendemain par deux le coût d'un étudiant des universités. Il n'existe donc qu'une solution : élever les frais d'inscription, qui sont dix fois moins élevés en France que dans n'importe quel pays de tradition universitaire. »

Il est bien connu qu'un service gratuit est rapidement déconsidéré et finit par se dégrader. Ce n'est pas par hasard que l'une des conditions indispensables à la réussite des psychanalyses est le paiement d'honoraires élevés au praticien. Dans les années 1960, Hubert Beuve-Méry, le rédacteur en chef du *Monde*, en visite à Lyon, rencontre des étudiants en droit qui lui demandent de leur distribuer gratuitement le quotidien, afin de les aider à mieux s'informer et se former. Son refus fut immédiat au motif qu'un journal gratuit ne jouit d'aucune considération et ne peut développer l'esprit critique[1].

L'opinion la plus courante veut que la quasi-gratuité (150 euros annuels) soit le seul moyen de permettre l'accès à l'enseignement supérieur des étudiants pauvres. Rien n'est plus faux, car ceux-ci

---

1. Cette anecdote m'a été rapportée en février 2006 par Jacques Pélissard, député-maire de Lons-le-Saunier, président de l'Association des maires de France.

éprouvent bien des difficultés à se loger, à se nourrir, à vivre dans des conditions décentes. Ils peuvent bénéficier de bourses, mais l'attribution de celles-ci sur critères exclusivement sociaux, sans prise en compte du mérite, est particulièrement démagogique. Les bourses ne peuvent tenir lieu de motivation... Par ailleurs, compte tenu de la mauvaise réputation des universités auprès des familles de cadres, celles-ci font le maximum pour pousser leurs enfants à entrer dans les filières sélectives, y compris payantes. Au contraire, les familles pauvres, ignorantes des arcanes de la sélection à la française, s'estiment heureuses de voir les leurs entrer à l'université, ignorant que, bourse ou pas, leur échec rapide est fortement probable. Rien n'est plus injuste, antidémocratique, reproducteur d'inégalités. Comment la majorité des grandes centrales syndicales d'enseignants, de personnels administratifs, d'étudiants peuvent-elles continuer à faire semblant d'ignorer cette réalité ? Elles prospéreraient davantage qu'aujourd'hui si elles l'admettaient et contribuaient à imaginer des solutions plus pragmatiques qu'idéologiques. Aujourd'hui, elles n'existent vraiment que lorsque quelques centaines de milliers de Français apeurés descendent dans les rues à leur appel pour sauver leurs illusions.

Tony Blair, travailliste ayant compris et admis les réformes de Margaret Thatcher, est parvenu à augmenter les droits d'inscription dans les universités britanniques d'État. Un certain nombre de ses électeurs traditionnels ont grogné, mais les chanceliers et recteurs des universités, ainsi que la majorité des universitaires, se sont réjouis de l'élévation du plafond des droits d'inscription de 1 125 £ (1 620 euros) à 3 000 £ (4 320 euros). La qualité des prestations s'en ressent déjà. Les étudiants issus des milieux les plus modestes bénéficient de bourses intégrales. C'est exactement la réforme qui a été réussie à Sciences Po, à l'initiative de son directeur Richard Descoings, ancien membre des cabinets de Michel Charasse et de Jack Lang. Les droits sont désormais modulés en fonction des revenus des parents : de la gratuité pour les boursiers à des droits variant de 500 à 5 000 euros par an en fonction de l'ensemble des revenus déclarés et de la taille des foyers. En Allemagne, enfin, les *Länder* jouent un rôle de plus en plus important dans la gestion des universités et augmentent les droits d'inscription. Jörg Dräger, sénateur de Hambourg, déclarait récemment : « L'autonomie, notamment financière, des universités est un des facteurs majeurs de la compétitivité et de la force de nos établissements d'enseignement supérieur. À cela doit s'ajouter une réforme de la gouvernance. À Hambourg, parmi les mesures mises en œuvre, figure ainsi la faculté pour le président et le doyen de choisir leurs enseignants et de fixer leurs salaires[1]. » Que de chemin à parcourir sous le ciel de France !

Il est certain qu'il faut augmenter le nombre et le montant des bourses pour les étudiants issus de familles modestes, mais de bon niveau. Il est clair aussi qu'il faut renforcer les soutiens et tutorats à ces étudiants forcément fragiles. Les bourses peuvent provenir de l'État, du mécénat, mais aussi des établissements eux-mêmes qui pourraient consacrer à un fonds d'aide une partie des sommes recueillies grâce à des droits revalorisés. Il est aussi nécessaire d'imaginer enfin en France ce qui existe dans de nombreux pays, un système de prêts d'honneur accordés par les banques, lesquelles ne prendraient pas de risque trop élevé si elles savaient que les filières universitaires mènent à des débouchés professionnels de qualité. On ne peut le leur demander en ce moment pour les étudiants des filières généralistes.

Enfin, le travail salarié des étudiants, qu'il soit en relation ou non avec les études poursuivies, devrait être facilité par diverses facilités fiscales accordées tant aux employeurs qu'aux employés. Dans beaucoup de pays, une partie du fonctionnement des campus repose sur lui. Pas en France, sous le prétexte

---

1. « Conférence de l'EUA à Hambourg : vers la généralisation des droits d'inscription ? », *Dépêche AEF*, 63589, vendredi 31 mars 2006.

que ce serait s'attaquer à l'emploi permanent. Encore une occasion manquée.

Quant aux dotations de l'État, il faudrait rapidement qu'elles soient proportionnelles au taux d'insertion professionnelle des étudiants[1] plutôt qu'à leur nombre ou au taux de réussite aux examens, critères on ne peut plus démagogiques. Ces mesures financières, accompagnées d'une orientation-sélection des étudiants, de passerelles permettant à tous de rattraper à tout moment les filières d'excellence et d'une forte osmose entre la formation et les futurs employeurs, sont indispensables pour sauver l'université d'un désastre annoncé. Penser que davantage d'argent public déversé dans un tonneau des Danaïdes dont on n'a pas obturé le fond est la plus funeste des illusions, dont la gauche et la droite se bercent depuis des années. Brisons-la enfin ! « Il faut lancer un débat national sur le financement de l'université en France. Il y a urgence à investir[2] », déclarait Yannick Vallée, le premier vice-président de la Conférence de présidents d'université, en juillet 2005, lorsque l'université Grenoble II s'était fait vertement tancer pour avoir

---

1. « Alain Trannoy propose de doter les universités selon l'insertion professionnelle des étudiants », *Dépêche AEF*, 64673, 2 mai 2006.

2. Marie-Joëlle Gros, « Les facs montent les prix », *Libération*, vendredi 29 juillet 2005, p. 11.

imaginé une augmentation sauvage et facultative des droits fondée sur des services supplémentaires.

L'Europe entière pousse en ce sens et le vote négatif des Français lors du référendum du printemps 2005 ne devrait pas les empêcher de réfléchir au fait qu'ils s'isolent de plus en plus en refusant de regarder au-delà des frontières. La plupart des pays européens s'orientent vers des droits d'inscription significatifs, quelle que soit la couleur politique du gouvernement[1]. La France sera-t-elle le pays des derniers Mohicans ?

Réformer l'Université, c'est aussi moderniser la gouvernance. Pendant longtemps, les universités furent dirigées par les recteurs, nommés en Conseil des ministres et par des doyens de faculté élus par les professeurs titulaires. Après mai 1968, la loi Edgar Faure a fait des recteurs de simples relais de la tutelle du ministère de l'Éducation nationale, a créé des universités dites « autonomes » et a fait élire les présidents par des conseils composés de représentants de tous les personnels, des étudiants et d'un petit nombre de personnalités extérieures issues des syndicats d'employeurs et d'employés, ainsi que des collectivités locales. L'autonomie n'est évidemment qu'un leurre, puisque l'essentiel des ressources provient de l'État et que les recteurs peuvent mettre les univer-

---

1. « Conférence de l'EUA à Hambourg », *cf. supra*.

sités sous tutelle si les conseils ne votent pas les budgets. La loi Savary de 1984 a aggravé cette ambiguïté en créant trois conseils (d'administration, scientifique, des études et de la vie universitaire) qui alourdissent beaucoup la gouvernance. Les présidents sont souvent élus au terme de nombreuses tractations peu reluisantes et de nombreux tours de scrutin. Expliquer ce processus à nos collègues étrangers provoque la stupéfaction. Il faut imaginer un système donnant une véritable autonomie responsable aux établissements et à leurs dirigeants. Peut-être, dans ce cas, faudrait-il imaginer un dédoublement de la fonction dirigeante : un président universitaire et un président du conseil de surveillance qui, par principe, ne le serait pas. C'est le modèle que vient d'adopter le Luxembourg pour la première université dont ce pays vient de se doter. La direction de l'université a tout pouvoir pour moduler les salaires et attirer ainsi d'excellents professeurs. En revanche, il faut être un ascète pour briguer un poste en France si l'on est professeur dans une université américaine, japonaise, canadienne ou suisse ! Nos associés d'un semestre ou d'une année viennent plus facilement des pays de l'Est ou du Sud que de chez nos voisins européens, d'Amérique du Nord ou d'Extrême-Orient.

Conclusion

Voilà, c'est dit. Ces pages vont hérisser un certain nombre de sensibilités, j'en ai conscience, et leur but n'est pas de provoquer, mais de faire réfléchir. Sans doute n'aurais-je pas osé les écrire, compte tenu de ma position, s'il n'y avait eu la crise du CPE, si lamentable, si symptomatique de nos maux profonds. Nous avons tous depuis des décennies trop souffert de notre abyssal retard, trop aigri notre caractère en ne voyant aucune issue à notre misère, trop fui en nous réfugiant dans l'étude individualiste. Il est temps de changer. Nous manquons d'air !

Ne faut-il pas admettre que toutes les universités ne peuvent avoir la même vocation ? Il faut sans doute accepter l'idée que la concurrence est une réalité internationale[1], mais aussi nationale et qu'elle constitue une saine émulation. Que tous les universitaires fassent de la recherche, c'est une nécessité, mais que toutes les universités soient habilitées à délivrer des doctorats, c'est une mascarade. Il faut à la fois renforcer les établissements à vocation professionnalisante et donner les moyens aux grandes universités de former à la recherche et de pratiquer une recherche de très haut niveau. Il est urgent d'abolir l'archaïque distinction entre le statut d'enseignant-chercheur et celui de chercheur dans un organisme spécialisé : elle représente un énorme gâchis d'énergie et de compétences.

D'une manière plus générale, il convient de privilégier au plus vite la demande de la société, plutôt que de continuer à réfléchir en vase clos, au sein de l'Éducation nationale, à l'offre de formation. L'Université a pour mission de former l'élite de notre pays. Ce mot « élite » qui fait si peur doit être regardé en face ; aujourd'hui, l'élitisme en France fonctionne

---

1. Chris Patten, chancelier d'Oxford et dernier gouverneur de Hong Kong, écrivait récemment (« L'analphabétisme économique, péché mignon des élites politiques françaises », *Le Figaro*, 27 avril 2006, p. 14) : « La France devrait-elle s'inquiéter de la concurrence du plombier polonais ou de celle des informaticiens indiens ? Allez à Bangalore et vous comprendrez à quel point cette question est ridicule. Nous devons tous comprendre dans quel siècle nous vivons. » Cette remarque est pleinement applicable à l'Université.

de la manière la plus hypocrite et la plus injuste qui soit, puisqu'il exclut largement, sans l'avouer en ces termes, bien sûr, les jeunes issus de milieu modeste et de l'immigration. Il plombe la démocratie et la République qui ne peuvent reposer que sur l'exaltation du mérite. L'égalité des chances, oui, l'égalitarisme qui rabaisse, non : chacun doit pouvoir donner le meilleur de lui-même. Il faut réhabiliter le goût de l'étude et de son application. Confucius le disait sagement cinq siècles avant J.-C. : « N'est-ce pas une joie d'étudier, puis le moment venu, de mettre en pratique ce que l'on a appris ? » Il n'y a pas d'autre secret à la résurgence de la Chine sur la scène mondiale. Le retour au plein emploi en France dans un avenir aussi proche que possible est à ce prix. Pour reprendre le propos de Jacques Marseille[1], il ne peut plus exister une France exposée et une France abritée, faite de fonctionnaires frileux (tous ne le sont pas !) que la jeunesse (pas toute !) rêverait de rejoindre.

L'enjeu du système de formation de notre pays dépasse totalement le clivage droite/gauche qui nous tient lieu de débat politique. Depuis bien longtemps les deux « camps » sont tétanisés de peur face à ce problème et face à la rue qui explose

---

1. C'est un thème qu'il développe depuis des années, en particulier dans son récent ouvrage *Du bon usage de la guerre civile en France*, Paris, Perrin, 2006.

périodiquement dès qu'on y touche. Que ce soit la droite ou la gauche qui réforme demain[1], l'accusation de libéralisme, forcément « sauvage », fusera de divers milieux conservateurs. Il faudra passer outre, expliquer calmement mais fermement, en n'oubliant ni Senèque et son célèbre adage : « Ce n'est pas parce que les choses sont difficiles que nous n'osons pas, c'est parce que nous n'osons pas qu'elles sont difficiles », ni Denis de Rougemont : « La décadence d'une société commence quand l'homme se demande : "Que va-t-il arriver ?" au lieu de se demander : "Que puis-je faire[2] ?" ».

En 2007, les Français auront rendez-vous avec d'importantes échéances électorales. Profitons des mois qui viennent pour aborder sans tabou cette question cruciale. Que les jeunes regardent les réalités en face et prennent conscience qu'ils ont été trop longtemps trompés par des adultes timorés. Et si c'était d'eux que venait l'exigence de réforme ?

---

1. La plupart des idées développées dans ce bref essai convergent avec les propositions émanant de deux intellectuels se considérant comme « de gauche » et publiées il y a déjà douze ans : Pierre Merlin et Laurent Schwartz, *Pour la qualité de l'Université française*, Paris, PUF, 1994.

2. Cité par Élie Barnavi, « Vous avez dit "déclin" ? », *Marianne*, 4-10 mars 2006, p. 29.

Table

Introduction 7
I. Printemps 2006 : un grand soir au petit pied 11
II. L'Université à la dérive 41
III. En sortir 89
Conclusion 127

Achevé d'imprimer en mai 2006
*par **Bussière***
à Saint-Amand-Montrond (Cher)

Composition
Paris PhotoComposition
75017 Paris

35-57-3291-8/01

ISBN 2-213-63051-8

Dépôt légal : mai 2006.
N° d'édition : 74018. – N° d'impression : 062021/1.

Imprimé en France